校园足球实用技术
教学与训练

邓琰炳　主编

人民体育出版社

图书在版编目（CIP）数据

校园足球实用技术教学与训练 / 邓琰炳主编.
北京：人民体育出版社，2025. -- ISBN 978-7-5009
-6601-2

Ⅰ. G843.2

中国国家版本馆CIP数据核字第2025ZV4224号

校园足球实用技术教学与训练

邓琰炳　主编
出版发行：人民体育出版社
印　　装：北京中献拓方科技发展有限公司

开　本：710×1000　16开本　印　张：12.625　字　数：233千字
版　次：2025年5月第1版　印　次：2025年5月第1次印刷
书　号：ISBN 978-7-5009-6601-2
定　价：65.00元

购买本社图书，如遇有缺损页可与发行与市场营销部联系
联系电话：（010）67151482
社　　址：北京市东城区体育馆路8号（100061）
网　　址：https://books.sports.cn/

前　言

　　足球运动因其对抗性、紧凑性、均衡性、统一性强，在我国受到很高的关注，尤其是我国校园足球开展以来在小学到大学的四级校园里有着非常高的参与度。近年来校园足球以"教会、勤练、常赛"的理念在我国各级学校中如火如荼地开展训练和竞赛，通过校园足球，学生们有了体育爱好和提高身体素质的途径，也为我国足球培养了较多的后备人才。足球运动历来是我国竞技体育和群众体育重点发展方向和备受瞩目的运动项目。从足球运动的长远发展规律来看，校园足球是普及和发展的基础，我们只有按照这个规律脚踏实地做好校园足球的普及与发展，中国足球才有腾飞的希望和未来。

　　普及足球人口，提高青少年训练竞赛水平是振兴中国足球的必经之路，我国校园足球运动正处在快速建设和发展阶段。基于此，特编写《校园足球实用技术教学与训练》一书，为我国校园足球的教学提供较为扎实的理论基础，这对于校园足球运动员技术的提高，以及校园足球运动的全面发展具有支撑作用。

　　本书共计六章。第一章概述，对校园足球发展、校园足球运动特点与作用、校园足球教学理论与应用以及校园足球育人的实践路径进行简单介绍；第二章校园足球教学的制定，包括校园足球教学设计基本理论、校园足球教学计划设计确定、校园足球教学目标与内容设计及校园足球教学的评论设计；第三章足球运动基本技术，重点分析了足球技术概念与分类、足球的基本技术动作、足球运动中的守门员技术等内容；第四章足球训练理论与战术分析，重点分析了运动训练理论与校园足球训练、校园足球训练理论、足球运动要素及战术、足球战术教学与训练等内容；第五章足球运动员素质训练与医疗保健，讨论了运动员身体素质与心理素质训练理论及方法、足球运动中常见的运动性疾病、足球运动员所需的营养物质、足球运动科学

研究等内容；第六章对足球比赛规则与裁判法等基本知识进行阐述。

本书为符合时代发展的要求，贴近校园足球教学与训练，在编写过程中着重体现以下几个特点。

（1）针对性。本书主要研究的是校园足球，所以编写原则是侧重于校园足球运动员、爱好者的学与练；在内容的选取上紧紧围绕校园足球，有意义、有趣味、有指导性。

（2）权威性。本书是在参考国内众多体育院校教师深入实践的基础上，对足球技术、战术等相关内容进行高度浓缩和提炼后精心编写而成的，涵盖了足球运动的重点内容，极具权威性和指导性。

（3）实用性。书中关于校园足球实用技术教学与训练的内容，在功能上更加简明实用，可作为相关学校日常教学、训练的参考教材。

本书在编写过程中参考了大量专家学者的著作，本人均在参考文献中标注出处，向各位专家学者深表谢意。恳请专家学者和参阅本书的朋友们提出宝贵的意见和建议。

邓琰炳

2025年1月

目　录

第一章 概述

足球运动是以脚支配球为主，两个队进行攻守对抗的一项体育运动项目。足球运动深受人们的喜爱，是世界上影响最大、开展最广泛的体育运动项目之一。足球运动集意志、智慧、勇敢于一身，融技术、战术、身体素质及心理品质为一体，因足球比赛争夺激烈、起伏跌宕、扑朔迷离，被誉为"世界第一运动"。

目前，国际足球联合会是世界上最大的单项体育运动组织，有200多个国家和地区的成员。全世界有80多万支足球队，登记注册的运动员超过4 000万人，其中职业运动员有10多万人。观看精彩足球比赛的观众数以亿计。有关足球的消息，在报刊、电视和网络里都是引人注意的重要内容。足球运动的魅力，不仅在于足球运动本身蕴含着丰富的内容，而且它还展示了一个地区的经济、文化和民族的特殊风貌。

第一节 校园足球运动特点与作用

"校园足球"是指以小学为起跑线，将足球（包括足球文化、足球技能、足球训练等）引入教学，以培养青少年的足球兴趣为重点，让学生在快乐足球中强身健体，锻炼意志品质，在发挥个人天赋的同时培养团队合作意识和顽强拼搏精神。

一、校园足球运动的特点

足球运动是以脚为主配合着身体各个部位支配着球，两队相互对抗，激烈竞赛，以攻入对方球门多少球来判定胜负的球类运动，它是不受风、雨、雪限制的球类运动项目之一。足球运动具有以下特点。

（一）普及性

有利于提高学生的身体素质。足球运动需要急起、急停、跳跃、变向跑等，这些都能使学生的身体得到适宜的运动刺激，促进力量、速度、耐力、灵敏、柔韧等身体素质全面发展。校园足球比赛规则相对比较简单，器材设备也不复杂，一般足球比赛对时间、人数、场地和器材等不做严格限制，可见，校园足球活动易于开展，能因地制宜、因陋就简地开展，参与性高，普及性高。为学生提供展现自我的舞台。学生的身心发育尚未完善，其特点表现为好胜、自我表现欲强。在自我表现欲的驱使下，他们渴望获得更大的空间来表现自我，张扬个性。校园足球运动可以使学生展现自己的技战术，不断体验成功的感觉，促进自信心不断提高。

（二）整体性

在足球比赛中，每队有11人上场参赛。场上11人思想要统一，行动要一致，攻则全动，守则全防，整体参战意识要强。只有形成整体的攻守，才能取得比赛的主动权及良好的比赛结果。有利于调节学生的精神状态，培养坚忍不拔的意志。学生每天有着繁重的学习任务，学习压力比较大，如果在课余时间参加足球运动，既可以转移注意力，又能提高学习的兴趣。同时，通过足球运动增强学生的体质，使他们能有充沛的精力投入学习中。在进行足球活动和比赛时，学生顽强拼抢、积极跑动，可以磨炼学生勇于克服困难、战胜挫折、不惧失败的优良意志品质。

（三）战斗性

足球是一项激烈对抗的项目，在正式比赛中，参赛的两队共22人，在同一场地上展开贴身的集体对抗，特别是在两个罚球区附近经常展开短兵相接的争斗，加之足球规则允许合理冲撞，使足球比赛更加激烈紧张、惊险动人，有利于学生团队精神的养成。体育比赛的魅力在于表现人的勇敢、果断、不断攀登人体极限的高峰。足球比赛需要发挥团队的最大能量与对手对抗，要获胜必须

依靠集体的力量，参与者在长期比赛过程中不知不觉就会养成与队友相互配合、相互协作的习惯，同时认识到团队、集体的力量，有利于培养学生的集体主义荣誉感和团队协作精神。

（四）互动性

足球运动是一项非周期性运动项目。运动员技战术运用直接受到对手的干扰和限制。这就需要根据比赛的具体情况灵活机动地运用技战术。有利于培养良好的礼仪，构建和谐校园。在足球比赛及各项足球活动中，学生能够学会尊重裁判、尊重对手、尊重观众；在各种身体接触中学会宽容、谦让、道歉、帮扶等；在足球活动中还能学会互相交流、团结友好、文明观球、文明助威等。这些都是礼仪教育的重要组成部分。

二、校园足球运动的作用

校园足球是德育的重要实施途径。足球活动融合着多种比赛规则，在运动过程中，学生要应急处理各种突发情况，与本方队员默契配合，在与对方队员产生肢体碰撞后相互尊重，保持与裁判良好沟通等。这些活动都践行着优秀的品德，所以校园足球是德育的践行活动，同时可以促进德育工作的开展，二者相辅相成、相得益彰。

另外，校园足球可激发青少年参与足球运动的热情，为足球后备人才的培养提供强有力的保障。

（1）可以培养学生勇敢顽强、机智果断、坚忍不拔、勇于克服困难等优良品质，同时还能培养团结协作的集体主义精神。

（2）经常参加足球运动可以增进人体健康，提高身体素质，如力量、速度、灵敏性及耐力等，特别是对增强人体的机能，如心血管系统、呼吸系统等内脏器官的功能是非常有益的。

（3）以足球为媒介的交往，能够促进学生间相互了解、团结一致，更好地交往、交流、交融。

第二节　校园足球教学理论与应用

足球教学是实现体育教育目的的重要方法之一。它是在明确体育教育目的的情况下，教师的教与学生的学共同组成的一种教育活动；是学生在教师指导下，掌握足球运动知识、运动技术和技能，增强体质、培养品德、促进身心全面发展的教育过程。学习和掌握有关足球教学的基本理论、教学原则、教学规律，运用科学的教学手段和方法，并使之科学化、合理化，对于提高教学水平、完成教学任务、提高教学质量、培养合格的体育教师有着重要的意义。

一、校园足球教学的目标

足球基本技术教学的目标完全是由人类社会性发展的需要决定的。由于对人类社会性发展的需要与社会经济效益的推动，对社会的竞技目标的需求，对社会性的观赏需求和人类健康的需求，人类必须在这些基础上建立起具有良好的社会性的足球运动传播机制。足球基本技术的教学活动就是基于以上需求，在足球运动的教育中产生和发展起来的一种教学形式。

足球首先是用于实现社会性健身与竞赛目标的一项体育运动项目。在长期的发展与演变中，人们已经明确认识到，如果不通过专门化的教育机制或一定规模的教育方式，是难以将这项运动在社会中加以传播的。如果不能在社会性的活动中传播，足球运动的社会需求则无法实现。

因此，在长期的社会实践活动中，人们已经将足球运动的属性有意或无意地进行了改变。即已将本来属于体育范畴的足球运动改变成了一种国际性的体育文化——足球文化。因此，人们基对于这一文化的需求与不断提高的欲望，必须在教学领域中对它加以研究和发展。足球基本技术的教学目标主要由以下三个方面构成。

（一）足球运动作用于人体健康的目标

足球运动作用于人体健康的目标是人类体育发展的重要方向。人类在对外

部环境不断改革与适应的过程中，本身需要具有良好的体格作为基础。足球运动就起到这一发展人类体格的基本作用。人类在经过了足球运动的锻炼之后，体质大大提高，适应自然环境的基本能力大大改善。人类在长期的体育实践中充分认识到足球运动对于自身健康状况的重要性与必要性，认识到足球有别于其他体育运动的独特作用。

在学校体育的范畴中，足球基本技术教学是为实现学校体育的教育目标服务的，主要是为使学生达到健康的目的而专门设置的一项内容。其基本目标应该是学生通过学习、掌握足球基本知识和基本技术，有能力应用足球基本技术的基本内容、基本方法进行体育锻炼，从而有效增强体质，促进身体健康发展，增强学生机体对外界环境的适应能力与改造能力；同时，经过足球基本技术的学习与练习，对足球运动产生浓厚的兴趣，因此养成进行体育锻炼、加强体育健身的良好习惯。

足球运动的教学目标，是人们在长期的足球运动实践中认识、总结与确定的一个基本目标。这一目标的实现，主要基于坚持"以人为本"的教育指导思想，坚持和谐社会人生观，坚持以学生为主体的教育理念。

（二）足球运动参与竞赛的重要目标

足球基本技术教学是为提高足球运动竞赛水平而设置与安排的。足球运动在国际体育竞赛中的地位之高是其他体育项目无法相比的，所以，世界上各个国家都把该项运动作为一个特别重要的运动项目而加以关注，由此可见其被重视程度。因此，足球基本技术教学目标是提高足球运动的水平、参与国际足球运动的竞争。足球基本技术教学的主要内容之一就是教学质量与普及程度。这两个方面实质就是一个国家足球运动水平的先决条件。

足球竞赛的目标就是要在群众运动竞赛或是在相当高级的国际专项竞赛中取得好成绩。但是，如果没有以足球基本技术为基础的足球运动，是不能实现这一基本目标的。无论运动员跑得多快，跳得多高，持续时间多久，战术打法多么美妙，其足球基本技术不好都无法进行比赛。

为实现竞赛目标，足球基本技术的教学目标应是提高足球基本技术水平，同时提高身体素质水平、战术水平、竞赛心理素质，并要保证在足球运动的各级比赛中获取良好的竞赛成绩。这一教学目标的制定，主要是在足球运动教学中贯彻与实施国际竞赛中"以竞赛为中心，以获取名次为目的"的竞赛指导思

想，以发展足球运动员的基本技术为目的。

（三）校园足球专业职能的教育目标

足球运动技术教育的专业化是当今世界的主要潮流，各个国家都设立了专业化的足球运动教育机构。其目的主要是在国际足球运动中获得领先地位。所以，足球运动专业职能教育已是不可忽视的战略性目标。这一战略性目标，主要是基于当代社会对足球运动的需求与足球运动本身的价值观形成的。如果没有专业的足球运动教育机构和学校，足球运动就难以普及，也难以向更高的层次传播与发展。

校园足球教育目标是培养全面发展的足球运动教育与竞赛人才，其中以培养能够全面掌握足球基本技术与教育方式的人才为主要目的。这些未来的足球运动选手或足球运动教育工作者，应对足球基本技术有全面的认识与掌握，并且对未来足球运动发展与演变具有敏锐的洞察力和一定的研究能力，促进足球运动发展。在足球运动职业教育中要特别注重职业道德教育，这是由足球运动的广泛性决定的。足球基本技术的教学必须符合足球运动职业技术教育目标，并且为实现这一目标而努力奋斗。

二、校园足球教学的内容

足球教学的内容很多，应根据不同层次的教学目标和教学对象，采用不同的教学内容。总体来说，主要包括足球运动的基础知识、运动技能、比赛战术、足球教学和课外足球活动的组织与管理等知识和能力的培养。一般来说，足球教学侧重于使学生掌握基本技术动作、战术配合及理论知识，是一个由不会到会的过程。具体来说，主要包括以下三个方面的内容。

（一）足球技术教学

足球技术动作是教学的主要内容。它包括运球与运球过人技术：踢球、接球、头顶球、抢断球、掷界外球、守门等技术。在足球技术教学中要强调动作的规范性，以便为学生进一步提高足球技能打下坚实的基础。

（二）足球战术教学

足球运动集体对抗的特点决定了队员之间的协调配合是足球竞赛的重要手段。因此，足球战术配合方法是教学的重要内容。通常情况下，足球战术配合教学的内容主要包括足球防守战术和足球进攻战术两种。其中，足球攻防战术又包括个人、局部和整体三种攻防战术。此外，足球比赛的阵型与队形、任意球、角球和界外球等战术，也是足球教学的主要内容。

（三）足球理论知识教学

只有在足球理论的指导下，才能正确地从事足球运动。足球运动理论包括足球运动的基本情况、技战术分析、裁判、竞赛组织和教学训练理论等，这些理论构成了足球运动的学科体系。

三、校园足球教学的任务

（一）重视学生身体素质的培养

从运动生理学的角度来看，学生处于青春发育的黄金时期，其骨骼的主要特点是软骨组织较多，骨组织内的水分和有机物较多，无机盐较少，富有弹性，不易骨折，但易弯曲变形；肌肉的主要特点是含水分较多，蛋白质和无机物较少，富于弹性，但肌力较弱，耐力差，易疲劳，并且肌肉的增长速度落后于骨骼的增长速度，身体各部分肌肉的发展不均衡，具体表现为动作不够准确，下肢肌肉的灵活性、协调性较差。

血液循环系统的主要特点是由于心肌的发育速度慢于骨骼肌的发育速度，所以心肌收缩力相对较弱，心律较快，收缩压低，但血管壁弹性较好，血管口径小，外周阻力小。呼吸系统的主要特点是由于胸廓狭小，所以呼吸肌力较弱，呼吸较浅，代谢旺盛，对氧的需求量相对较多，呼吸频率较成人快。神经系统的主要特点是由于青春期神经系统受到内分泌腺活动的影响，大脑皮质的

神经细胞工作能力低，易疲劳，造成动作稳定性下降，注意力不集中，但神经兴奋与抑制过程的灵活性高，神经细胞的物质代谢旺盛，合成作用迅速，所以疲劳消除快，建立条件反射快，消退快，重新恢复也快。

从运动训练学的角度来看，各项素质发展的高峰期主要集中在学生时期，特别是大学时期。高校足球教学迎合了学生阶段的生理发育和素质发展的特点与需要。通过足球教学，可以引导学生进行全面的身体锻炼，促进学生身体正常生长发育，形成健美的体格和正确的姿态；通过足球运动，全面提高学生的身体素质和基本活动能力，促进其生理机能水平提高以及增强他们对自然环境的适应能力和对足球教学的抵抗能力，从而为今后立足社会和报效国家练就必备的身体条件。

（二）培养学生参与足球运动的能力

在高校足球教学中，学生是重要的参与者，通过教学，可以培养学生对足球运动的兴趣，使学生掌握足球运动的基本理论，提高学生欣赏足球赛事的能力。同时，有利于开发学生的智力和帮助其构建知识结构，使其开阔视野，拓宽思路。

（1）随着足球技术的不断发展，现代足球已向"全面、快速、娴熟、简练、强对抗"的方向发展，这就要求高校足球教学根据学生生理、心理和智力特点，将足球技术与趣味性、目的性、速度、意识、意志、即兴等相结合，从而为学生参加足球运动打下应有的基础。

（2）在战术的教学中，必须本着"先个人后整体，先易后难，逐步提高"的原则使学生掌握足球攻守基本方法，从而在实践中成功地组织战术和巧妙地运用战术。学习足球运动的基本战术，首先要让学生了解现代足球战术的核心特征：固定分工弱化、时空控制权高效争夺、阵型与队形动态组合、集体体系与球星作用有机融合。在此基础上，掌握进攻与防守的基本方法，战术的合理组织与灵活运用，最终夺取比赛胜利。其次，学生通过个人基本战术方法（运控球、传接球、射门、跑位和摆脱等）、局部配合方法（二过一配合、三人配合等）、全队配合方法（边路、中路、转移等）、定位球战术（角球、掷界外球、任意球、点球、球门球等）的学习，获得驾驭和控制比赛的基本能力。最后，通过学习足球运动的基本知识、技术和战术，还能培养学生对足球运动的兴趣与爱好，提高其欣赏和参与足球运动的能力，

使其受益，并把足球作为终身的爱好。

（三）促进学生全面发展

1. 足球教学的德育任务

足球教学同德育的密切关系表现在足球本身所具有的教育性。具体而言，主要表现在以下几个方面。

（1）高校足球练习紧张、负荷量大，对抗激烈，要求学生必须克服重重阻碍，以坚定的意志和顽强的毅力克服和战胜足球运动中遇到的各种困难，在遵循道德规范和准则的基础上，努力实现自己的目标。因此，高校足球的教学，可以促进高校学生良好的个性心理品质的形成，培养其良好的意志品质。

（2）高校足球竞赛规则严谨、技术规范严格、组织严密，要求学生必须具备团队精神，融入集体之中，正确地处理个人与集体、个性与共性、自由与纪律的关系，规范个人行为，加强组织纪律性。因此，高校足球教学可以明显地提高学生的组织纪律性，使其形成良好的道德意识。

（3）足球比赛的胜利，离不开队员之间的协同配合，以积极健康的道德情感作为基础的协调配合和统一行动，这种道德情感是队友之间共同的责任感、荣誉感的精神升华。因此，高校足球教学可以培养学生的集体主义精神，增进其形成良好的道德情感。

足球运动决定了运动员在训练或比赛中尊敬师长、尊敬对手、团结同伴等，这样才能受到赞赏和喜爱；反之，动作粗鲁、无视对手、无视比赛规则则会受到处罚和谴责。因此，高校足球运动能使学生控制自己的行为，形成良好的道德风貌和道德行为。

2. 足球教学的智育任务

足球教学与智育是相互促进的关系，对人的全面发展具有重要意义。足球运动有利于大学生智力的增长和身体素质的提高，足球教学与训练在传授知识，培养技术、战术的过程中以自己独特的方式来发展人的智力。足球教学的智育任务主要表现在以下几个方面。

（1）广泛地训练学生的记忆力

大脑的功能是对信息处理、接受、选择、分析和储存等。足球教学与训练

对于整个记忆过程的发展和扩大表象储存具有一定意义。

下面我们以足球教学与训练对培养记忆的敏捷性和正确性的作用为例加以说明。

一方面，由于足球教学与训练的实践性，决定了大部分时间都在户外上课，这就要求学生在上课期间要迅速识记所学内容，如教师的理论讲述、动作讲解、动作示范，以及在实际练习中记住各动作之间的联系，动作之间的先后顺序和整套正确动作，这样就训练了记忆的敏捷性。

另一方面，足球技战术是由若干技术和战术环节组成的连续性活动，练习的成功与否、比赛的成败都建立在正确的技战术环节组成上。特别是在比赛中，任何失误都有可能导致被动和失败，这样对于记忆的正确性要求就更高。因此，足球教学与训练也能够培养记忆的正确性。

总之，足球教学与训练对于提高记忆品质有多方面的作用。

（2）启迪开发学生的想象力

足球教学与训练有助于发展学生的想象力。想象是在人们头脑中对过去感知的形象进行加工所产生的一种新的形象。在足球教学与训练中需要学生通过想象、模仿、表现活动去体验技术动作和战术活动。特别是在足球比赛中始终贯穿着想象的因素，一场没有想象力的足球比赛，是没有生命力的。

（3）培养学生全面的观察力

足球运动要求有很高的瞬间反应能力和判断能力。在高校足球教学中，学生不仅要从观察教师的示范动作来建立动觉表象，然后做出符合要求的动作，还要在技术动作的多样性和复杂性以及场上多变的环境中控制自己注意力的稳定性，同时根据对手的变化，做出瞬间的判断。因此，高校足球可以培养学生在观察范围上的敏锐度和选择对象上的精细度。

（4）发展提高学生的思维力

在培养创造性思维时，足球教学与训练起到重要的作用。

首先，在足球教学与训练中，学生通常在快速激烈的情况下思考问题，因此必须迅速地估计情况和立刻做出正确的决定，果断地放弃一些错误的决定，使思维的速度得到训练。

其次，在情况多变的足球比赛中，由于参赛双方都想控制对方，又要摆脱对方的制约，这就需要根据实际情况灵活地调整战略，及时地应对场上的变化，从而锻炼了学生思维的灵活性。

再次，足球技战术的多样性和球场上的千变万化，能促使学生产生积极的思维活动。特别是现代足球运动不仅是技术与体力的较量，更是激烈的智力较量。足球教学与训练对于培养学生思维的灵活性、独立性具有显著效果。

最后，由于学生在整体战略下，对于场上各种情况的分析判断是独立的，在场上的分工是独当一面的，这也有助于提高学生思维的独立性。

3.足球教学的美育任务

体育美是美的一种表现形式，足球运动的美育任务主要表现为在教学过程中应注意培养学生对美的感受能力、表现能力、创造能力及鉴赏能力。

（1）培养学生的感受能力

足球运动的健康美、运动美和意志品质美都能给大学生以震撼，通过足球运动学习，运动员能更深地感和理解足球运动的美，离开感性认识就谈不上审美感知。所以，教师在足球教学中应正确引导学生，鼓励学生在运动中感受美的内在意识。

（2）培养学生对美的表现能力和创造能力

一方面，在足球教学与训练中实施美育，就是要通过塑造健美的身体，使学生形成健康的审美观。另一方面，在足球教学与训练中，不仅要培养高校学生对足球运动的兴趣和爱好，使之形成良好的体育作风和文明行为，而且要培养学生的自信心、独立性、创造性和热爱美、鉴赏美、表现美的情感与能力，促使高校学生个性化发展。

（3）培养学生的鉴赏能力

在足球教学中，教师要注意把竞技常识和美学原理结合起来，系统传授足球知识，这样不仅可培养高校学生在视觉上的运动美感，也能通过亲身参与足球运动培养学生在自身与肌肉上的美感。

（4）发展学生的足球才能，提高高校足球运动水平

经常运动有助于学生掌握各项技能和技巧，提高身体的灵活性、力量性、协调性、耐受性以及适应各种条件和环境的应变能力。研究资料和实践表明，学校代表队队员能够更快、更容易地掌握各种技术性动作，提高工作效率。学校是培养人才的基地，应在普及的基础上，对部分足球基础较好的学生进行课余专项训练，进一步增强学生体质，提高足球运动技术水平。

四、校园足球教学要求

（一）增强体质与促进学生全面发展相结合

校园足球的教学应在增强每个学生体质的基础上，使所有学生的身体素质、心理素质、智力水平、美育能力等各方面都得到发展。因此，高校足球教学应做到以下几点。

1. 制订好校园足球教学工作计划

教师在制订工作计划时，既要突出足球的专项特点，又要保证教学活动对学生身体的全面性，并以全面发展学生身心素质为主要目的。

2. 树立正确的足球价值观

现代体育教学的价值观对学校体育教学提出了新的要求，校园足球教学是衡量校园足球教学质量的重要标准。

3. 多样化的教学内容和方法

在校园足球教学的准备阶段、实施阶段、复习阶段以及评价阶段中，要结合大学生的身心特点和个性特征，丰富教学内容，运用多样化的教学方法和手段，促进学生的全面发展。

（二）教师的主导性与学生的能动性相结合

现代教学是师生互动的多边教学活动。在高校足球教学中，教师应根据大学生的身心特点，正确处理师生关系，充分发挥教师和学生双方的积极性，以教师为主导，充分调动学生的主观能动性。

1. 树立正确的教学观

在校园足球教学中，要正确处理师生关系，发挥教师和学生双方的积极性，克服"教师中心论""学生中心论"的片面教学思想和观念。

2. 以教师为主导

在教学过程中，教师应及时提高自身的教学水平和专业素质，做到学识渊博，技术全面，以身作则，平等待人。同时，教师还应积极启发学生，并具备一定的创造性，培养学生良好的学习动机和兴趣。

（三）感觉、思维与实践相结合

足球运动属于综合性运动，在这一项目中，参与者综合运用感觉、思维与实践，灵活机动地处理运动中遇到的各种情况和问题，快速进行分析并做出正确的判断。因此在高校教学过程中，教师需要做到以下几点。

1. 运用直观感觉手段要有针对性

由于不同学生有不同的特点，且不同的足球运动技术表现形式不同。在校园足球教学中，教师要结合实际，对于水平较低者多采用示范、图像等直观手段，反之，则更多使用形象化语汇描述技术动作。

2. 利用多种直观感觉手段

进行校园足球教学时，教师除了采用示范与语言提示手段外，还应尽可能采用图表、照片、录像、幻灯、电影等直观教学方法和手段进行教学和组织观摩比赛，使学生能够快速了解动作特征，建立起正确的技术动作表象。

3. 正确处理感觉思维与实践的关系

进行校园足球教学时，直观感觉方式的运用有助于学生建立正确的动作表象，必须使学生克服单纯机械模仿、重复的倾向，加强运动思维，积极思考，培养发现问题、解决问题的能力。

（四）循序渐进与系统性相结合

校园足球教学是一个渐进的、系统的过程。

一方面，在校园足球教学中，教师应遵循科学的教学规律，使教学内容由易到难，足球练习方法和组织形式由简到繁，足球运动负荷由小到大地发展。

另一方面，校园足球教学是由不同周期组成的，一个周期又可以分为不同阶段，各周期和阶段的教学任务不同，教师在教学中应注意各周期各阶段内容的互相关联和承接。

1. 对抗程度由弱到强

足球的技术练习必须从无对抗到有对抗，从弱对抗到强对抗，最后进行实战。

2. 教学内容由易到难

以足球的技术学习为例，可先从脚弓传球开始，在掌握了基础要领之后，对其他部位的传球技术进行学习，继而进行长传球与过顶球技术的教学。

3. 练习手段和组织方式由简到繁

进行足球技战术练习时，可先让学生从模仿练习开始，而后独立实践，再到局部对抗，最后进行整体训练。

4. 运动负荷由小到大

运动负荷的安排应当波浪式地逐渐加大，在组织学习时，教师要注意处理好负荷与恢复的关系。

（五）综合性与实战性相结合

校园足球教学中，把技术、战术、身体素质、智力、心理等各方面有机地结合起来，才是综合性的教学。同时，根据比赛的客观规律与要求，在日常教学中加入对抗的因素和模拟实战的条件，从而提高练习的实战性。具体包括以下几方面。

1. 技术的合理搭配

在高校足球教学中，教师应根据比赛的需要，将各种足球技术进行串联学习，并根据学生的水平高低决定技术搭配的多少和难易程度。

2. 技战术与意识结合

良好的意识是足球技术的灵魂。在高校足球教学中，教师应根据足球比赛的客观规律来设计和组织练习，培养学生良好的足球意识，使学生提高运用技战术的能力。

3. 技战术与对抗能力结合

对抗能力是足球技战术运用的根本保证。因此，在高校足球教学中，教师应根据学生掌握技战术的熟练程度加入适宜的对抗性因素。

4. 在模拟实战中练习技战术

在足球技战术练习中，教师应重视安排在模拟实战的气氛和状况下的练习，使练习能更好地为比赛服务，提高学生的积极性。

五、校园足球教学原则

教学原则是校园足球教学理论中的重要问题，是各项工作必须遵循的基本要求。教学原则根据一定的教育目的，反映了教学过程的客观规律，是广大教练员在长期教学实践中积累起来的经验概括和总结。校园足球教学原则反映了足球教学的一般规律，反映了足球运动教学的特点，是人们从长期的足球教学实践中总结出来的。它既指导了教练员的教学活动，也指导了学生的学习活动。这些原则贯穿于校园足球教学活动的始终。

（一）循序渐进原则

循序渐进原则是指教学要按照学科的逻辑系统和学生的认知规律进行，由简单到复杂、由低级到高级、由单一向综合发展，使学生循序渐进地掌握基本知识、基本技战术和基本技能，形成严密的逻辑思维体系。

足球教学中贯彻循序渐进原则，要注意以下几个方面。

1. 教学内容的系统性

根据教学大纲的要求，安排好教学进度和课时计划，使教学进度符合足球

运动教学的规律，使课时计划既系统又综合，由易到难、由简到繁、从无对抗到有对抗，运动量逐渐增加。例如，控球是足球运动技术的基础。在安排基本技术教学时，要先让学习者熟悉球性，然后再学习具体的动作。只有全面掌握了基本技术，才能学习战术基础配合和全队战术。

2. 教学方法的系统性

根据动作技能形成的规律，从认知定向阶段（泛化阶段）、巩固提高阶段（分化阶段）到熟练阶段（自动化阶段），都要依据动作技能形成的阶段性特点来组织教学。如在技术的初学阶段，要通过讲解、示范和试做，使学生建立动作概念、视觉表象和初步的运动感觉，通过不断练习巩固正确的技术动作，然后加大练习难度，使动作达到熟练并能在实战中运用。因此，教学中必须注意教学的阶段性特点，并针对不同阶段采取不同的教学方法。

3. 合理安排适宜的运动负荷

适宜的运动负荷是指体育教学要有合理、恰当的生理和心理负荷。人体生长发育、生长成熟的每个阶段，生理机能都有相对的负荷极限。体育锻炼时的生理与心理负荷应控制在极限范围之内。锻炼效果的大小，在一定程度上取决于运动刺激强度、持续时间和频率。弱的刺激，不能引起机能和心理状态的变化，甚至不能发展体能；然而，过强的刺激，不但无益于健康，反而可能造成伤害。只有适宜的运动强度、持续时间、频率，才能达到能量消耗和恢复过程的超量补偿，从而更好地发展体能、增进健康。因此，在足球教学中，还应根据学生身体状况、教学内容、场地、气候等综合因素来合理安排运动负荷。

（二）学生主体性原则

高校足球教学的主体性原则是指在体育教学过程中，教师的一切教学活动应根据学生的需要和特点合理安排，学生应在教师的指导下积极参与教学活动，充分发挥学生主体的自主性和创造性。

（三）实效性原则

在校园足球教学中贯彻实效性原则，就是要从实际出发，根据学生的实际

情况，紧紧抓住教学中的主要矛盾和矛盾的主要方面，解决教学中的重点和难点问题；提高教学的艺术性，教法要简单易行，讲求实际效果，在有限的教学时间内，达到既能使学生掌握知识技能，又能增强体质和提高能力的效果。

贯彻实效性原则，就要不断研究改进教学方法。在进行校园足球技战术教学中，要精讲多练。"精讲"是在深入分析教材和学生实际的基础上实现的，"多练"就是要设计符合足球运动特点和学生实际水平的练习方法，给学生更多的实践机会。

贯彻实效性原则，就要用唯物辩证法指导教学工作。一切从实际出发，准确、深入地分析技战术内涵，把握事物的本质，抓住关键，解决好难点和重点问题，带动一般性问题的解决。在足球教学过程中，要经常调查研究，善于提出新问题，解决新问题。为适应学生的实际情况而临时改变教学方法和练习形式也是贯彻实效性原则的重要体现。

（四）发展体能和运动技术教育相统一的原则

这一原则的内涵是遵循校园足球教学过程中教育、教养、发展相统一的规律，在校园足球教学中正确处理好学习运动技术同发展学生体能、提高学生健康水平的辩证统一关系。增进学生健康水平是校园足球教学的主要目标，也是校园足球教学的出发点和归宿，但为了更好地增进健康，就必须学习和掌握足球运动的技术和战术技巧。只有处理好两者的关系，使二者相互促进，才能真正实现校园足球教学的目的。

（五）直观性原则

直观性原则是指在校园足球教学中利用学生的感官和已有经验，通过视觉、听觉和肌肉本体感觉，获得对足球技战术的生动表象和感觉，并使之与积极的思维相结合，从而掌握足球技战术和技能，发展思维能力。

（六）对抗性原则

足球运动是一项攻守对抗十分激烈的项目。在足球运动中，进攻与防守的对抗贯穿始终，攻守对抗和攻守转化构成了足球运动的核心。正是由于攻守的

直接对抗才演化出一个个惊心动魄的竞争场面，才推动足球运动向着快速、激烈的方向发展。没有攻守的直接对抗和相互制约，也就没有足球运动。因此，在校园足球教学中贯彻对抗性原则是由足球运动本身的特点决定的。

（七）综合性原则

在校园足球教学中贯彻综合性原则，是由足球运动的特点和规律决定的。足球运动具有技能的全面性、项目的集体性、战术的多变性、对手的对抗性等特点，这也要求我们做到以下几点。

首先，要把学生的足球意识和技战术教学培养相结合，把技战术训练和学生的作风培养结合起来，全面提高学生的身体素质、心理素质、智力水平、道德品质、技术水平和战术水平。

其次，要选择简单实用、多样化的教学方法和组织形式，以提高学生的学习兴趣，使学生掌握更多的练习手段和方法。

再次，要注意新旧教材的搭配组合。教学内容的选择上，要注重将足球的单项技术、组合技术与综合技术相结合，提高学生在实战中综合运用所学技术的能力。

最后，在教学方法上要充分利用现代教学手段和技术，通过图表、数据、照片、视频、电影等多媒体辅助教学，使学生能够形象、直观地掌握足球技术动作和方法，提高学生的技战术水平和运动能力。

总之，在足球教学中只有严格遵守以上原则，才能取得较好的教学效果。值得注意的是，以上教学原则是相互联系的有机整体，在实际的教学过程中，要综合考虑，灵活运用。

第四节　校园足球育人的实践路径

开展校园足球的初衷是育人，即育人是校园足球开展的本源。只有不忘初衷，坚持足球运动的育人价值，才能让学生在参与足球运动的过程中，收获到强壮体魄之外的价值，如团结协作、规则意识、毅力韧性、友好爱心等优良品质，这都是青少年的终身财富。

足球本身就是一种文化，足球无论是作为学校教学的一门课程，还是作为

校园文化的构成部分，其育人价值不言而喻。足球运动的这种育人价值，不仅是简单地通过足球这项体育运动培养青少年顽强拼搏的毅力和坚持不懈的韧性等，教育学生要有集体荣誉感、爱国精神，还教育学生要懂得遵守规则，并将这种规则意识融入生活中，使其成为一个具有道德感的人。

更为重要的是，足球运动可以教育学生成为一个拥有健全人格的人，而这种健全，既包括身体的健康，还包括心理的健康，更有对社会的适应能力，即让青少年对自身有一个正确且清晰的认知，有明确的奋斗目标并能为之努力且长期坚持。这才是校园足球运动追求的真正价值所在。学生只有成为一个人格健全的人，才可能真正成为一个为社会作贡献的人。

一、大力普及校园足球文化

学校不仅要力抓足球技能训练，提高学生的校园足球竞技水平，更要以足球精神为载体，营造足球文化整体氛围，为足球精神与德育整合造就强大的磁场效应。

学校通过广泛运用足球元素，研究并创造校园足球主题，拓展以班级为单位的足球文化阵地并积极营造浓厚的校园足球氛围，形成足球竞技与足球精神一体化的建构特色。

二、足球课程教学融入运动教育模式

运动教育模式最早由西登托普（1994年）提出，是一种体育课程模式，其指出在这种模式中学习的学生，除了可以获得完整的运动学习之外，还能学习到管理、沟通的经验及个人负责和团队合作的精神。另外，由于比赛强调内在动机、自发性、自由选择、正向的情感、创造刺激、主动参与及人格特质的向度，所以通过比赛的手段设计足球教学课程，可以让学生产生兴趣并培养学生主动参与运动的人格特质。只有先让学生主动且乐意参与到足球运动中，足球的育人价值才能真正渗透到学生的潜意识中，从而实现润物细无声的效果。而运动教育模式应用于足球课程教学之中，其本质就是通过比赛化的形式增进动作技能。因此，通过运动教育模式在足球课程中的实施，以比赛化的方式促进青少年学习运动知识与增进动作技能，可以使学生主动欣赏并积极参与足球运动，进而成为名副其实的运动人。

在足球课程教学中融入运动教育模式，教师可在选定教材与设计足球课程时，根据不同的教学目的，将足球课程设计成五种教学模式，即运动教育模式、体能教育模式、动作分析模式、发展模式及人的意义模式，而这五种课程模式又对应五种足球课程价值取向。因此，在足球课程教学中融入运动教育模式，在有效提升青少年足球技能和理论知识的同时，不失参与足球运动的乐趣。

足球课程教学可以通过使用运动教育模式的手段，提升学生主动参与的积极性并建立学生正确的运动习惯与学习态度，为足球运动育人价值的实现奠定良好的基础。每一种课程设计均有其价值取向，其中运动教育模式、体能教育模式与动作分析模式属于学科精通取向；发展模式属于自我实现取向；人的意义模式属于生态整合取向。不难发现，校园足球的育人价值理念与运动教育模式所倡导的理念很是契合，因此，足球运动的育人价值可以分阶段地融入这五种教学模式，并根据教学需要进行整合。

三、创新校园足球育人管理模式

围绕与开展学生教育活动关系最密切的家庭、教师和学校各职能部门之间的关系，创新家校共育、学科共促、多部门共管的校园足球育人工作管理模式，构建保障校园足球教育实践工作顺利开展的中间系统。

（一）加强学科联合育人，缓解足球学训矛盾

首先，学校应从全面发展学生核心素养的角度出发，发挥足球运动在体育精神、运动实践和健康促进上的育人功能，在"情品双育、能习相随、知行合一"的基础上，有效实施学生体育学科核心素养的培育工作，为学生提供跨学科学习的机会。例如，通过语文课中的足球作文，艺术课中的足球音乐赏析、绘画创作，物理课中的足球技术动作分析等形式，实现学科间相互促进的学习模式。

其次，要让学生树立不能因踢球影响正常文化知识学习的意识，并建立班主任同体育教师（教练）之间的沟通、协作机制。探索作业布置的弹性机制与适当的补习机制，在保证学生学业成绩的基础上发展足球技能，缓解学习与训练之间的矛盾。

（二）优化部门协作机制，提升足球育人合力

充分发挥校长在校园足球育人工作上的引领与推广作用，建立校园足球育人工作的校长负责制。成立由多部门联合组成的校园足球工作领导小组，制订校园足球育人工作计划，明确学校各相关职能部门责任，建立健全多部门齐抓共管工作机制，并将校园足球育人工作纳入学校发展规划和年度工作计划，定期召开校园足球育人工作会议，研究解决校园足球育人工作中的问题，实现校园足球育人工作的动态调整，提高校园足球育人效能。

（三）拓宽家校合作平台，普及足球育人理念

首先，依托家长委员会、家校读物、微信群、QQ群、家校互访等多种形式，搭建家长与学校之间的交流平台，坚持目标一致、地位平等、尊重儿童、方法多样、长期坚持、多方共赢等原则，向家长普及足球育人理念，并让家长参与到学校教育政策的制定与实施过程中来，促进足球育人工作开展。

其次，依托交流平台，定期推送学校校园足球发展动态，让家长及时看到孩子的每一点进步，传递足球运动促进学生全面发展的正能量。同时，加强家长层面的足球育人价值教育，提高家长对学生参与足球运动的支持程度。

四、足球课外活动开展与公益相结合

在校园足球的开展过程中，除课堂教学的形式外，课外活动也是极其重要的推进手段。在校园足球课外活动开展过程中，结合公益的形式，将公益的内容融入其中，不仅能够拓展校园足球的宽度，还能提升校园足球的内涵，使校园足球运动的育人价值进一步得到体现，是校园足球育人价值的实现路径之一。

在体育运动领域，人们对公益活动相当热衷，也非常重视。最常见的公益活动方式是由媒体塑造出来的体育明星亲身参与相关活动，尤其在职业体育项目中，体育明星是体育公益的生力军和良好媒介。再者就是一些基金会，如体育类的姚基金和非体育类的宋庆龄基金，都开展了诸多公益活动，如体育支

教、资助体育器材等。通过体育手段推广公益，更能被大众所接受，也有利于公益体育文化的形成。对足球来讲，一方面，可以在学校里形成独特的校园足球公益文化，这对校园足球文化的内涵也是一种升华；另一方面，可以在社会中践行公益的理念，使学生从小树立公益的价值观。

校园足球以学生为主体，学生充满阳光和活力，接受能力强，具有奉献精神。因此，以足球为媒介，融入公益的理念，开展以足球公益为主题的系列活动，让学生参与其中，在他们小小的心灵上播下美好的公益的种子，是一种较为有效的育人手段。足球课外活动与公益的结合，可以不断进行创新优化。例如，可以组织学生足球爱好者进入孤儿院，教孤儿院的小朋友踢足球，给他们讲有关足球的故事。值得注意的是，应让学生亲自参与公益活动，而不是以捐赠的方式让学生直接获得，学生的亲身参与和直接体验对学生的教育具有重要作用。

第二章 校园足球教学的制定

高校足球教学课的主要目的就是提高大学生足球运动的技战术水平，因此，在教学课的设计与指导上，要始终围绕这一目标进行，以保证足球教学的效果。

第一节 校园足球教学设计基本理论

在学生体质健康越发受到关注的当下，校园足球作为推动学校体育发展、提升学生身体素质的关键项目，正蓬勃兴起。校园足球教学不仅是传授足球技能，更是塑造学生体育精神、培养团队协作与竞争意识的重要途径。然而，科学、系统且富有成效的校园足球教学设计，需以坚实的理论为支撑。这部分内容将深入剖析校园足球教学设计的基本理论，旨在帮助教育工作者全面理解校园足球教学设计的内在逻辑，掌握实用的教学策略，从而为校园足球教学注入新活力，让足球运动在校园里绽放更绚丽的光彩。

一、教学设计与体育教学设计

我国的教学论研究者一致认为："教学设计是运用系统方法，分析教学问题和确定教学目标，建立解决教学问题的策略方案，评价实行结果和对方案进行修改的过程。"

教学设计是教学活动中研究设计和活动过程的一部分，根据教学活动之前开发的教学方法，对活动进行分析策划。简而言之，教学设计是提高教学效果的解决方案。

体育教学规划是对特定教学项目（如学年、学期、单元、学时）中的所有教学单元根据特点在目标和教学方面进行的最佳研究和规划过程。

体育教学设计是指根据体育专业知识（人体科学、体育心理学、运动教学）的学习理论、交流教学等的方法进行基础分析教学，解决教学问题、问题方案、评价结果及其他相关技术理论的系统化过程。

二、校园足球教学设计的理论依据与程序

它是研究系统设计足球教学过程的一门应用学科。从宏观上看，是在教育学理论和一般教学设计的指导下进行的，可以用下面的结构图（图2-1）表示理论依据的关系。

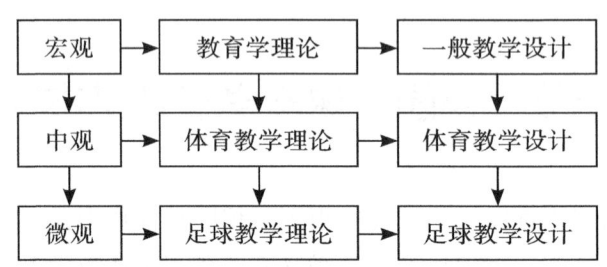

图2-1　校园足球教学设计的理论依据

校园足球教学设计是从教学前期分析开始的，之后还有编制教学目标、分析教学内容、选用教学方法、制订教学评价四个程序，其结构如图2-2所示。

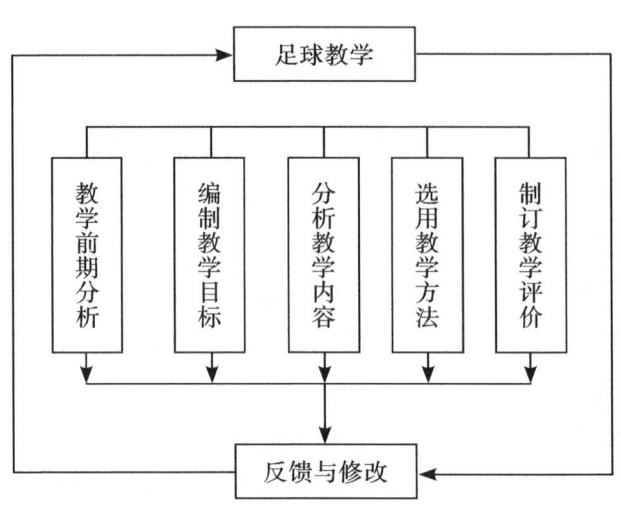

图2-2　校园足球教学设计的程序

三、校园足球教学内容的层次划分与安排

校园足球教学内容极其丰富，根据教学内容的重要程度、难度水平及训炼价值可以将校园足球教学内容分为四个部分（图2-3）。

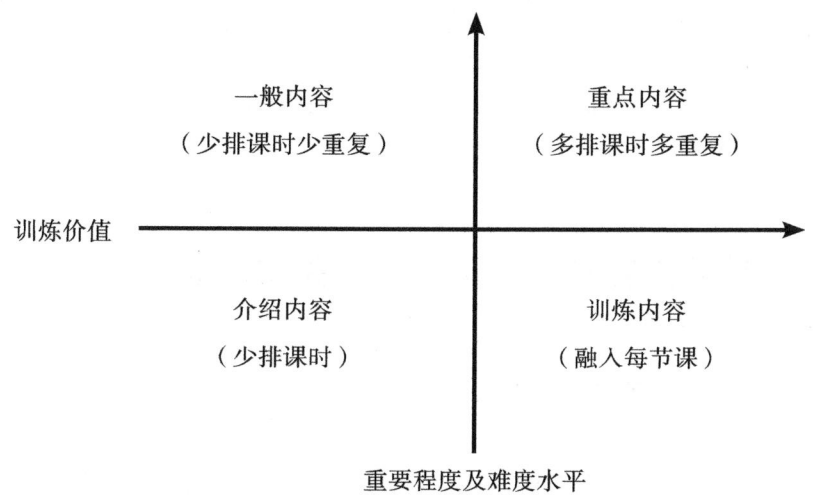

图2-3 按教学层次划分足球教学内容

重点主要是关于足球的基本功和技术，以及需要掌握的技能。这些内容在每个年级都进行了安排，这是大多数学生学习足球的技能基础，以便在以后的学习过程中通过技能级别逐步安排。应该有更多的准备和更多的练习，并且可以在任何级别重复安排。

总的内容侧重于足球中没有广泛使用的技能和技巧，并且有一定的技能掌握。这些内容可以在正常层次中有效地进行安排，并且可以最大限度地减少重复。

训练的内容侧重于训练和了解技能，这是学习和教授足球技巧所需要的。这个内容要全年保持，以融入单元课和个别课的每一节课中，但占用时间不宜过长。

第二节　校园足球教学计划设计确定

当我们理解校园足球教学设计的理论基础后，教学计划的设计，便成为将理论付诸实践的关键一步。校园足球教学计划犹如一份精密的导航图，指引着整个教学过程的方向，决定着教学目标能否达成，教学活动是否有序开展。一份科学合理的校园足球教学计划，要充分考虑学生的年龄特点、足球基础和身心发展规律，还需紧密贴合学校教学资源与体育教学的整体规划。

一、教学内容和教学重难点及关键的确定

（一）教学内容的确定

教学内容是在编写教案的基础上确定的。因此，好的一份教案对于是否能够有效完成教学内容起着至关重要的作用。

（二）教学重难点的确定

一旦知道了内容和主题，就有必要针对不同主题的课时和课次。因此，为了了解教学中突出的可能性和潜在问题，重要的是要强调有效的教学方法。教学重点是教学内容的核心。难点是指学生难以根据他们的体育知识和能力水平来确定技术。如果能认清所学技能的关键被掌握的多少，那所有的问题就能得到解决了。

教学的重点、问题和关键之间存在差异和联系。在某些情况下，三者会代表一个方面或一个环节，暗示这不仅是问题的症结所在，也是问题的复杂性和本质。因此，在设计和实施教学计划时，不能忽视对教学中的关键问题的准确理解，确定教学目标和教学实践是很重要的。

二、教学目标的确定

（一）教学目标的一般要求

教学的目的是通过学校的教学达到预定的目标，基础是组织全校的教学活动。因此，清晰对于教学目的来说很重要，可以使其具有指导性和正式性。明确的目标可以指导教师有效实施学生的教学任务和活动，以及评估如何帮助他们有效地识别趋势和结果，特别是在认知领域的测量。从中可以清楚地看出，练习的目的必须建立一个标准，并能够评估教学结果。在此基础上，没必要将提出的理论框架设计得过于粗略和抽象，不然无法进行可教学习，并为未来学习的评价带来问题，因为它们不能成为量化指标。

1. 明确的目标

教学目标是指通过课堂教学达到预定的目的，它是设计整个课堂教学活动的根本依据。因此，明确性是教学目标必不可少的，使其具有指向性和标准作用。明确的目标能够引导教师更有效地展开教学活动和学生学习活动，并且以此为标杆，对于准确检测教学质量和结果，尤其在具有量化标准的认知领域上有一定的帮助。

在此基础上，就要求教学目标不要设定得过于空洞和抽象，这样就会导致教学过程无法获得准确的指导，也因为不能量化指标而给日后的教学评价带来麻烦。

2. 整体性与多元性的目标

课堂教学目标既要进行定性评估，又要满足定量要求，同时也不能忽视语义心理学的过程。因此，所提出的理论需要在其内容结构上充分和全面，但总而言之，要实现过程和结果的三个基本原则：同意与经验的和谐、知识的和谐和情感的和谐。还需要在目标分类学理论的基础上进行发展，反思各部门不同目标之间的相互关系。此外，有必要考虑各种潜在变量，例如，特定的运动科学、特定运动环境中的运动变化，以及身体的认知发展。

3. 弹性的目标

弹性目标主要有三大特点。

（1）灵活性

教师习惯上更喜欢依赖认知判断的学习目标，在这种情况下，有必要考虑在某组教学目标中的位置。

（2）差异性

学生之间的个体差异很大，需要针对这种差异量身定制灵活性目标。首先，我们要确立一个基本目标，让学生能够反思足球的基本目标和技能，让所有学生都能接触到；其次，再为具备一定能力的学生设定更高的目标。

（3）局限性

体育课程的重点不仅在于学习知识和技术，还在于观察教学过程中学习动力和价值观的变化。然而，这两个变量往往是不确定的、模棱两可的，而且学校创新会受到态度和价值观变化的影响。

（二）教学目标领域的处理

体育课程将目标分为五个方面：参与运动、身体素质、心理健康、运动技能和社会适应，但没有具体的教学目标。

一方面，促进学生成长的不同教学活动有不同的效果。在实践中，各种足球技能通过各自的教学价值在健身过程中发挥作用。

另一方面，足球技能教育项目有显性和隐性之分。显性功能具有可测量和可观察的数据。隐性功能则没有明确的分工，只是影响学生的发展度。考虑到这两个基础，学习目标可以分解为技能目标、情感认知、身体发展、心理和个人发展，以及教育目标。

（三）学习与教学方式的确定

学习策略和教学规划主要是根据学习目标在对学习内容进行反思性分析的基础上，确定具体的学习标准。传统的体育课堂教学内容过于单一被动。所以在体育教师的继续研究中，足球教学正逐步从特定情境转向不同范式，

特别是促进自主创新和协作所需的学习理论和策略。培养积极的责任心和创造力在很大程度上可以使学生不断成长，因为传统的教学大多是教师讲解、示范然后学生模仿。而新的教学法更多地依赖于教师的正确引导和学生的自我体验，这大大的提高了学生自主学习的主观意识。

为了改变学习过程，教师必须改变教学方法和教学策略。用教师的话来说，解释结论的明确方式需要改变以问题的形式传达间接结论的方向，并在学习示例中产生学习者对其他程序的发现、分析、讨论等，使体育学生在学习过程中及时发现问题、提出问题、分析问题、解决问题。例如，学习如何通过参与比赛来调整足球技能可以激励学生更有效地参与活动并告知他们参与学校的活动。

以学习从空中停球的教学方式为例。

（1）练习一段时间后，组织学生进行讨论。

（2）组织学生按标准技术动作进行停球、从空中停球的练习。

（3）教师进行归纳总结，并讲解示范脚部、胸部停球的技术要点。

（4）教师提出问题，让学生进行思考，怎样变向时间最短、停球应注意哪些问题等。

（5）学生两人一组，一人向空中抛球，另一人进行停球训练，不限制方式和触球部位，但要求注意停球的稳定性和便捷性。

此外，学生需要注意他们的学习方式。学习方式是学生获取知识和技能的主要活动和思维策略。学习方式显然对学生和教师都很重要。正如我国著名教育家叶圣陶先生所说："在某种程度上，使用科学的方法，是学生能够自主学习的重要指标。"其中，在校学习的能力将帮助他们更好地表达自己。

三、组织形式的确定

组织环境通常包括小组学习和具体教育安排。其主要目的是保障教师职业的有序发展。

在足球教学中同质分组、异质分组、随机分组、友伴型分组是最重要的类型。这些形式中的每一种都有优点和缺点，就选择而言，应根据此类教学的性质和情况，以及学生的具体情况综合考虑。但需要注意的是，没有哪一种理论适合所有的教学情景，所以在教学实践中要注意交流情境的具体活动，只有一种或两种情况，不能合二为一。

四、过程目标的确定

通过特定条件直接完成，称为过程完成，也可称为形成性完成、阶段性完成或预期效果。传统教学"增强体质"理论现象的产生，使学习成绩主要表现为"体力负荷"的增加来体现其效果，如男子引体向上、1000米跑，女子800米跑等；新的体育课程则侧重于育人所提出的教育，即"获得基础知识和基本技能的过程变成了学习的过程，同时创造了质量标准"。在教学过程的主题中，活动设计可以间接实现支柱的特定特征，激发学生兴趣并让他们获得乐趣。

第三节　校园足球教学目标与内容设计

校园足球教学只有精准锚定教学目标、合理规划教学内容，才能为学生搭建起通向足球知识与技能殿堂的桥梁。教学目标犹如指挥棒，指引教学活动的方向，而教学内容则是达成这些目标的具体载体，二者相辅相成，缺一不可。然而，要实现二者的有机结合并非易事，需要教育工作者充分考量学生的年龄、体能、兴趣等多元因素，兼顾足球运动的专业性与趣味性。

一、校园足球教学目标设计

足球教学目标是足球教学的重要组成部分，只有好的教学目标才能体现出进行体育锻炼的最佳途径。

（一）体育课程基本目标、发展目标与足球教学目标的对比

体育课程在对高校学生提供体育教育方面发挥着重要作用。由于学生的身体特点不同，根据这种差异，《全国普通高等学校体育课程教学指导纲要》的

课程将目标分为基本目标和发展目标两类。基本目标主要是以学生为中心，以学生身体素质为发展目标并依据特长生来确定。

实现课堂教学和提议的学科对于建立提议的最佳教学是有必要的。一般来说，学习目标分为三个部分：学习课程目标、学习单元目标和课堂学校目标。在这三组不同的科目中，学校的目标最终被划分为每组的子目标。课堂学习目标非常重要，但如果你没有达到上面列出的学习目标，那么设定适度的学习目标就没有意义了。

（二）设计要求

1. 全面性

足球教学目标的达到，离不开每一堂课的教学，因此在设计足球教学目标时要考虑到全方位的因素，分清主要目标、次要目标，以及其他目标。

2. 具体性

拟定足球教学的设计应与内容密切相关，具体体现在学生的学习行为，尤其是学生需要知道的知识和技能上，教师应提出具体要求。

3. 明确性

学习要有明确的目标和方向。明确的学习目标可以让教师和学生了解如何实现教学目标、有效地规划教学过程、开展教学活动，以及评估教学成果的程序。然而，应该注意的是，所提出的理论必须正式定义。

4. 灵活性

灵活性意味着建议的课程应该基于不同的标准，针对不同年级的学生制定不同的教学指标。如果在教学过程中没有考虑到这种情况，也应及时修改建议的课程。

（三）编写步骤

1. 学习和掌握纲领性文件

足球运动已经风靡于学生的生活，并在校园中有着很好的发展基础。通过对足球纲领性文件的学习，我们可以对整个课程的总目标、具体目标，以及教学要求、内容和方法有一个总体的了解。

2. 编写层次教学目标

牢记列出的课程和技能组合，以及教学规则和技术，定义足球教学的总体目的，然后针对级别和水平制定具体目标。

（四）陈述方法

教学目标一般应该包括四个部分，即教学对象、教学条件、教学行为和教学标准。教师应认真研究和分析《全国青少年校园足球教学指南》及其配套所附的《学生足球运动技能等级评定标准（试行）》提出的各方面、各层次的目标，将其进一步具体化。

1. 足球学习目标的表述举例

（1）行为表述

在传统的足球学习中，往往用"掌握""体会""提高"等一些动词来表示，这些表述没有做到明确性和科学性。因此我们在表述行为时要使用一个动宾结构的短语，并且带有一定的说明内容，这样描述的学习目标相对来说是合理的、可观察的。

下面是几个能准确地描述出足球学习目标的例子。

①（能）做出脚内侧踢滚动球的动作。

②（能）列举出踢球技术的动作过程。

③（能）在教学性比赛中做出脚内侧踢球的动作。

（2）条件表述

所谓的条件表述，是指学生在任何条件下都能够对某一动作的完成进行描

述，主要条件包括时间、环境、信息等因素。

要求学生"通过自我阅读教材后，能说出脚内侧踢滚动球的动作要领"，亦可以是在教师或同学提示下说出。

（3）标准表述

所谓的标准表述，是指能够具体地描述出行为的结果。一般从行为的速度、准确性、质量等来确定。

要求学生能用双脚连续颠球30次以上。

要求学生在罚球区外射门5次，其中至少有2次能射到球门右上角。

（4）学习目标表述

关于足球学习目标的表述，也可以在三个要素前增加对象要素，扩充为四个要素。

①要求大学一年级学生能原地用双脚连续颠球10次以上。

②要求大学二年级学生能在行进中用双脚连续颠球20次以上。

2. 足球技术学习目标设计举例

（1）运球技术学习目标

①具备专项的身体素质。

②能熟练做出各种运球技术和应变技能。

③能列举出运球技术的理论知识和练习方法。

（2）踢球技术学习目标

①具有大力踢球所需的专项力量素质。

②具有勇敢、机智、果断等心理品质。

③能列举出踢球技术的基本原理和练习方法。

④能熟练做出几种踢球技术和传球射门技能。

（3）接球技术学习目标

①具有较高协调性和灵敏性。

②能列举出接球技术的理论知识和不同练习方法。

③能在原地及移动中熟练做出多种接球技术和技能。

④具有接球前观察、判断能力和机智应变、果断决策的心理品质。

（4）假动作技术学习目标

①具有良好的灵敏素质。

②能熟练做出多种假动作技术和技能。

③能列举出如何运用假动作技术的理论知识。

（五）目标设计的注意事项

1. 根据足球运动的本质规律设计学习目标的层次与衔接

任何事物都有其规律性。因此，既然提议的学说是为足球教学职业设立的，这个协会就要遵守其规律的。

具体来说，应该从足球运动技术和足球运动训练、合法足球技巧和策略入手。树立正确目标，然后让学生进行全方位的运动练习，教会学生所有技能及指导技术，然后学生再学习较为复杂的技能技巧；一支需要技术支持的足球队，在没有人受过任何训练的情况下学习掌握技术和技术技能，并在给定权力或权威的情况下学习技术和战术技巧。

关于如何设计足球技术学习目标的方法，具体举例如下。

①练习用非常规动作抢点传球、射门等（动作：不倒地—倒地—凌空）。

②练习罚点球（触球部位：内侧脚背—正脚背—外侧脚背）。

③练习踢相向滚动的球（球的滚动速度：慢速滚动—快速滚动）。

④练习踢向多种方向滚动的球（球的滚动速度：慢速滚动—快速滚动）。

2. 从多种角度设计足球学习目标

根据《国家中长期教育改革和发展规则纲要（2010—2020年）》精神，需要足球指导者设计学习目标时注意"对象、行为、条件、标准"等四要素的具体表述。

（1）认知目标

使学生真正了解网式足球的玩法及熟悉脚部三面触球的运用方法和要领。

（2）技能目标

让60%以上的学生学会网式足球的玩法和技巧，这样就使学生在比赛中有效地熟悉了对球的控制，所谓的球感就将慢慢积累形成。

（3）情感目标

网式足球分为两队，每队2～4人不等，以矩形界为范围，网的高度几乎在胸部的位置，当球来到本方一侧时，只能经过不同人不多于三脚的不落地传

递，并将球送到对方一侧，球在本方先落地或垫球出界的为负。

二、校园足球教学内容设计

（一）内容分析

1. 足球教学内容的构成

在足球教学中，为实现足球教学学习目标而选择的知识和技能水平与足球教学的学习内容有关。

不同的教学要素联系在一起，主要有两个特点：一是序列交流，即教学要素按一定的顺序排列；二是统一、全面的交流，即内容的一方面是另一方面教学的一部分。事实上，许多教学内容都有相互联系的综合性。

足球教学研究是对知识和技能转化进行准确考察的过程，其驱动力是向初学者的能力转化，是纵向和横向剖析的过程。

2. 足球教学内容的选择

足球教学过程包括根据专业教学目标要求，确定学生需要掌握的知识和技能组合。

教学内容选择应基于教学理念和课程目标内容，并注重内容安排的序列性和适切性。体育教师对课程内容的选择应根据学习目标的需要而定。体育专业球类的课程教学指导中确定了一些关键的教学方面：教师应根据指导要求选择特定的教学内容。

①教学内容要注重理论与实际相结合。

②教学内容要富有教育性、科学性和系统性。

③教学内容要具有实用性，有一定的趣味性。

④教学内容要注意统一性与灵活性相结合。

3. 足球教学内容的组织

在初步选择教学内容时，要根据足球运动项目的规律和特点安排组织，在遵循教学系统性和逻辑性的前提下，组织教学内容时应注意以下几点。

①按事物发展规律排列。

②从整体到部分不断分化。

③从已知到未知逐步深化。

④注意内容之间的横向联系。

（二）内容安排

根据足球教学内容的重要程度、难度水平以及锻炼价值等因素，一般将足球教学内容分为四个部分。

1. 介绍内容

主要是针对足球运动中较少运用的技术、战术内容进行介绍，能够帮助学生初步了解运动技能。这些内容在各个水平层级中可安排较少的学时，建议用少量的重复次数。

2. 一般内容

一般内容是指足球运动中有时需要运用的技术、战术，是从事足球运动需要掌握的技能。在足球教学中对此类内容可适当安排一定的学时，重复的次数也可以少一些。

3. 重点内容

重点内容一般包括足球的主要技战术方法，是学生必须掌握的技能。这些内容也是学生在足球学习过程中逐渐形成的足球运动技能的基本内容。

4. 练习内容

练习内容是足球运动中学习和掌握技术、战术所需的身体素质训练和熟悉球性训练。这些内容需要长期的坚持，可安排在不同的教学单元和课程内，但又不应占用过多时间，关键是系统坚持、全面兼顾，结合技术战术学习内容。应融入每节课中进行练习。

第四节 校园足球教学的评价设计

教学评价是指对教学过程及其产生的教学成果和教学影响的评估。学生学习水平评价主要包括体能、技能、战术策略、学习习惯、情感态度、合作精神等方面的评价。在鼓励性评价和教育性评定的框架下，若设计不当，仍可能忽视对学生学习态度、运动兴趣、逆境中坚韧精神的培养，以及对学校体育价值观中责任意识的渗透。有的学生通过大量的努力可以在运动和运动技能上取得不错的成绩，但有的学生缺乏"天赋"，即使努力也无法取得理想的成绩，这伤害了他们的自信心和自尊心。因此，教学评价应结合课程设计、课程评价、身体发展及认知发展计划，确保全面、科学地促进学生成长。

足球教学水平的评价不能仅通过一两节足球课来判定。评价体系应侧重于更高层次的教学理论与更高层次的教学实践之间的联系，否则难以对教师专业能力进行全面评价。在课程开发的各个层面，建立科学、合理、精准的教学评价机制至关重要，有利于及时获得数据反馈并据此灵活调整教学，可以实现学生学习提升、推动教学改革、促进教育治理目标达成。

一、校园足球教学评价的基本程序

（一）校园足球教学评价的准备

在开展足球教学评价工作前必须明确为什么评、什么人来评、评什么三个问题。这就是设计评价方案时首先需要考虑的问题。评价方案，即根据教学评价的目的，由评价对象、评价指标体系、评价方法、评价工具及实施步骤等组成的整体方案。

1. 为什么评，就是明确评价目标

一次特定的足球教学评价，目标或是研究某种教学模式，或是检查教师水平等，在评价的组织、内容和方法上都会不一样。

2. 什么人来评

是指教学评价的组织，在不同类型的评价活动中，其组织形式和所组成的人员是不一样的。有的评价很重要，需要组织一定的评价机构，足球教学带有探索性或选拔性，要请专家参与评价。

3. 评什么，就是设计评价指标

为了获得估计，必须进行综合分析或方法评估，这是重要的考虑因素。评价指标是对评价对象某一方面的衡量，是一个具体的、可衡量的、可操作的目标。

在体育课程改革中，应从课程发展要求、绩效评估和进度监测、评估建议等方面审视不同课程领域。必须发展身体素质、知识和技能、态度和参与度、感情和合作，以确保根据标准课程要求对课程内容及其重要性进行充分评估。引导学生进行自我评估，并观察创造性评估和总结性评估过程，提升学生的理论学习和实践应用能力。

（二）校园足球教学评价指标的设计

1. 分解足球教学目标

初拟评价指标，如教学领域及目标、教学内容、教学方法、教学效果等；再分解出更为具体的二级指标。如将"教学方法"分解为条理清楚、示范得当、联系实际、指导得法等，再按优劣形成分为A、B、C、D四个等级的三级评价指标，组成足球教师教学质量评价指标体系。

2. 确定指标体系权集

根据各项指标的重要程度确定它们的权重和权集，为量化分析做准备。权集是确定各指标同评价结果重要程度之间的关系集。权重是相应的指标对达到目标的影响程度。

3. 专家论证

从理论和实践上证明指标是符合评价要求的。

4. 试行修订

先小范围试行，必要时对指标体系作修改，使之更加合理。

（三）校园足球教学评价表格的设计

完成了评价指标的设计之后，就要考虑收集和处理足球教学评价信息的方法，并设计相应的表格，为实施足球教学评价做好准备。

（四）校园足球教学评价结果与反馈

教学反馈是用教学活动的结果来调整未来的教学活动。足球教学反馈可包括：

1. 形成综合判断

根据分析的定量或定性结果，形成明确的意见，并判定是否达到适当阈值。让学生给出练习和活动的反馈和结果，询问听课教师听完受访者课后的结论，等等。为了完成更正式的考试，还必须提交经批准的报告。

2. 分析诊断问题

评估的核心目的是改进教学，而非单纯的综合判断。因此，解决教学问题需聚焦问题本质：例如，学生需掌握理解成功与失败的基本技能，能够交流思想、展现才能与创造力；同时，通过积极的学习激励，推动其向改善未来学习的目标迈进。此过程中，评估需精准定位学生在知识应用、能力培养等层面的薄弱环节，为教学改进提供依据。

3. 收集资料

评估可挖掘具有代表性的学习模式，这些模式是提升学习效果的关键。在未来计算机教学中，可视化教学方法尤为重要——同伴间的思维碰撞、技能水平展示最易被学生接受，既能影响学习动机，又能通过共享经验优化学习路径。因此，通过评估收集典型学习案例，整合同伴互助的有效模式，可形成针对性的教学策略。

二、校园足球教学评价的内容

（一）教学常规的评价

在足球课中，需根据足球教学的任务和需要，结合基本的教学要求、当地学校和学生的实际情况设计要求，以便及时开展足球教学。足球教学指导计划的制定与实施，有助于构建系统且稳固的教学结构。通过培养学生的纪律意识、友善态度和锻炼体魄等积极行为，可在足球教学过程中强化学生的心理教育，使其在纪律约束、团队协作与体能锻炼中形成健康的心理品质，切实发挥足球教学在人格塑造与能力培养层面的综合价值。教学常规工作排除教学中可能存在的障碍，是教学指导计划落地的重要保障，可根据以下环节进行评价。

1. 课前工作

开课前，教师必须根据班上的计划安排和检查现场，安排设备，以在课上提供顺畅的指导。教师应采取措施确保学生或运动员在课前了解课堂内容和要求。教师一定要注意外表和好的运动装。上课之前，需提前到达指定的集合区。

2. 准时集合上课

上课时间到了，运动队将全队及时集合到指定地点进行考勤监控。小组集合后向教师报告相应情况。迟到的学生必须解释原因，并在获得老师许可后方可返回小组。

3. 足球课服装

学生上足球课应穿运动服、运动鞋，不得穿大衣、裙子、高跟鞋、凉鞋，不准戴帽子、头巾，不带有碍运动的物品，教师应检查并教导学生执行有关规定。

4. 课中工作

教师要教育学生注意安全，并提出具体的安全要求，做好准备活动和整理

活动，严防伤害事故。

下课前要召集全体学生，进行本节教学小结，并适当留有课外练习作业。

5.课后

下课后学生按教师要求收好器材。

（二）对教师教练员教学训练的评价

足球知识技术、技能的传授和学生的练习是足球课的核心内容，也是评价足球课的主要指标，评价时应考查如下几个问题。

①教学内容的安排是否符合学生的生理、心理特点，并明确让学生掌握哪些知识和技术、提高哪方面的能力、培养哪方面的品德等任务和目的。

②考查教师讲解教学任务，动作的名称、作用、要领和要求是否目的明确。讲解的内容要准确，注意知识的科学性和内在联系，恰当把握讲解的深度和广度，讲解的方法要灵活、力求以最短的时间收到最大的讲解效果。

③动作示范是否有明确的目的。示范什么，怎样示范，要根据教学任务与教学步骤和学生情况而定。例如，新课可先做完整示范，使学生建立完整的动作概念，然后抓住难点、着重进行重点示范，分解动作示范，反复示范，慢速与常速示范等。

④示范是否正确、优美、熟练。示范要与讲解相结合，引起学生的注意，知道看什么，怎么看，什么是正确的，什么是错误的。示范还要注意方向和位置，使学生看清示范动作。

⑤是否有力地指导学生的练习；是否合理地采取了分组练习；在练习中是否及时准确地发现并帮助纠正错误的动作；是否请掌握动作要领较快、较准确的学生作示范，以增强学生的学习信心。

⑥是否在规定的时间里完成了知识、技术技能的传授任务，使90%以上的学生掌握了有关知识和动作要领，使70%以上的学生能按要求完成动作。

⑦是否有效地防止了伤害事故的发生。

（三）对学生技术练习质量的评价

要评价足球技术练习的质量，必须结合不同技术练习的特点和教学训练的任务，具体确定评价的内容与方法。

1. 动作的准确性

即要求完整准确地完成预先规定的练习，使动作符合动作要领的基本要求。评定动作是否准确，可以对技术的各个环节进行检查和评定，也可分析动作是否符合运动解剖学和运动生物力学原理的要求。在实践中一般可从以下两个方面检查与评定。

①动作是否正确。要看是否通过合理的技术方法达到预期的目的和要求。检查动作的准确性，不仅要看动作本身，还要看动作的效果。

②可按动作的结构分析练习时的技术特征和动作要素，按一定标准一项一项地评分，累计起来就是动作准确性的测定结果，再对这一结果分析评价，找出问题并指明努力方向。

2. 动作的经济性

这是指以最小限度的能量消耗完成准确的动作。要做到这一点，就必须熟练地掌握动作技术，消除不必要的肌肉紧张和多余的动作。动作的经济性是与动作的合理性、熟练性分不开的。

3. 动作的协调性

这是指在练习中身体与身体各部分的协调配合，动作顺序合理，以及动作各要素协调配合。动作的协调性、经济性、准确性三者是密切相关的。动作不协调就谈不上动作的经济性与准确性，也就不能高质量地完成动作。

4. 动作的缓冲性

这主要表现为动作的弹性和缓冲力。许多技术动作都有明显的缓冲阶段。有些动作的缓冲性就是运动技术本身的要求，如守门员的落地动作。有的缓冲动作是出于对身体保护的要求，如跳跃时的落地动作。缓冲动作能表现出完成练习的合理性、正确性，因此是评价技术练习质量不可或缺的指标

之一。

（四）练习密度与运动负荷的评价

足球教学训练中的练习密度和运动负荷是评价足球教学训练质量的两个重要指标。通过分析课时安排的频次，可判断教师的现场指导时间是否与教学资源的实际使用强度相匹配。通过测量和评估体育活动的数量，可以了解学校的结构是否符合业务相关的规则。人类活动和运动发展的一般变化可以验证这些规则是否对完成各种类型的教学有用。

1. 足球课密度的评价

足球课的密度取决于时间的性质，在课堂上定期进行的各种活动，以及总密度。一般来说，足球课的时间分配在以下方面：教师指导、学生练习、练习调整、休息、组织管理等，这些活动占完整教学的比重，称为该活动类型的权重。

各级活动的数量和结构适当，能够产生良好的教学效果。一般来说，数量越多质量越好，花费的认知时间也就越多。为了评估课程中活动的数量和时间是否分配好，必须确定以下指标。

①课的密度和各项活动时间的分配是否依据课的具体教学任务和要求，并结合学生负荷能力，以及对场地器材、上课时间与气候等条件是否进行了周密而合理的设计与准备。

②教学是否有效。必须指出的是，已着力提升学校教学的有效性，减少并降低规范的过度化。这取决于其是否契合整个教育体系的要求，是否满足快速发展的需求，或教学设施是否适配教学。课堂中的教学内容与练习设计是否符合学生的认知特点和教学目标，各教学与实践环节间的过渡是否自然。各部分是否合适、经济、满足需求等。

③检查教学方法和教学经验的应用是否灵活、合理、有效。评估讲解和示范是否突出重点，是否准确展示了教学资源，是否充分发挥了教师的教学水平，以及练习的数量和组合是否合理。

④是否调动起学生学习的积极性，使学生做到自觉地遵守组织纪律，是否发动学生互相帮助，提高时间利用率。从上课开始到下课为止，以秒、分为单位，把课中各种活动的时间全部记录到登记表上，然后及时区分所用时间是否

合理，并加以归纳整理，登记在记录表中。

在得出各项目是合理还是不合理使用时间后，要分析不合理时间使用的原因是什么，指出改进的意见，力求使课时一般密度达到尽可能大的程度，不浪费时间。

2. 足球课运动负荷的评价

足球课运动负担是指学生在课堂上运动时所承受的体力负担。它包含两部分——总负荷和负荷强度，反映了训练计划期间身体的生理变化。

运动负荷是否合理是评估最重要课程质量的重要指标。合理的负荷符合人体运动规律、是运动能力增强、运动技术提高的基础条件。教学中，为了有效提高学生的表现能力，需要逐步增加体育活动的负担。科学合理的负荷设计对于提升学生的身体素质、改进足球技术和动作表现、预防运动损伤都有重要意义。为了确定运动负荷在足球教学中是否合理，可以从以下指标进行评估。

①运动负荷的安排是否遵循人体变化规律，是否从低强度开始逐步递增。其中，负荷强度的动态调整是重要评估指标。

②运动负荷是否依据班级学生的实际水平和教学需求制定？不同班级的教学任务不同，运动负荷也应差异化设置。例如，新组建班级的负荷编排要求通常高于常规班级。

③运动负荷的安排是否考虑到技术动作的特点、训练内容的多样性运动强度和学生身体状况。例如，学习新动作和复习熟悉动作的运动负荷应该是不同的。

④运动负荷是否考虑学生身体负担、气候变化、学生生活规划等其他因素。

运动负荷的测评方法通常有如下几种。

一是观察法。从学生完成动作的质量，动作的准确性，控制身体的能力，从学生的呼吸、出汗量、脸色、面部表情、声音以及学生做练习时的积极性等方面来判断运动负荷是否合理。

二是学生自我感觉法。以学生的饮食、睡眠、精神状况、对练习的兴趣等方面的自我感觉来判断运动负荷是否合理。一般来说，运动负荷适宜时，学生自我感觉良好，精力旺盛，肌肉活动协调，反应灵敏，无任何不舒服的感觉，运动负荷偏大时学生感到中度疲劳，并有疲乏、腿痛、心悸等感觉。

三是生理测定法。这是指通过用仪器检查和评定学生的脉搏、血压、气体交换、呼吸频率、肺活量、体温变化、尿蛋白等方面的情况来评定课的运

动负荷。这些方法比较复杂，一般在足球课中常用的是简易的用手测定脉搏的方法。

（五）运用校园足球教学方法的评价

教学方法是指在教学中为完成一定教学任务而采取的途径或手段。足球教学方法很多，其中主要包括讲解法、示范法、完整法与分解法、练习法、比赛法、预防和纠正错误法、电化教学法等。科学地评价教师使用教学法的正确性是评价足球教学工作的重要内容之一。评价教学法的选择运用正确与否，可把握如下几点。

1. 是否依据教学任务与内容有针对性地选择教学方法

方法是为完成任务服务的，任务内容不同，方法也应不同。如在传授足球知识和动作要领时，主要采用讲解法；在学生掌握和巩固技术技能时，多采用示范与练习的方法。

2. 教学法的选择是否符合学生特点

不同年龄阶段和不同性别的学生，在完成教学任务的途径和方法上应有所不同。如对少年儿童可多采用比赛的方法进行技术训练，对青少年多采用讲解示范、练习等方法。

3. 教学方法的选择是否注意综合性

足球的各种教学方法是有机联系的，在运用时要灵活地配合使用，使每一种教学法都成为整个教学过程中重要的环节。学生技术动作的掌握与错误动作的纠正，往往可以通过不同的教学方法实现，配合使用有关的教学法会提高教学效果。在学习新的技术动作时，就要综合运用讲解法、示范法、练习法。

4. 教学法的选择是否注意到教学各阶段的不同情况

在学生初步掌握动作阶段，可多采用讲解示范和分解练习法，在改善与提高动作阶段，常采用完整练习法，在巩固与运用自如阶段，主要采用以完整法为主的重复练习。

5. 是否有所创新

除在运用各种教学方法时遵守该方法的一般要求外，应在深入调查研究、钻研教材的基础上，从实际出发，创造性地运用各种方法，创造和发展新的教法以便更好地完成教学任务。

（六）校园足球教学中的思想品德教育工作的评价

对学生进行思想教育，培养顽强的意志品质，树立良好的体育作风，是学校体育教学工作的基本任务之一，也是体育教学任务得以顺利完成的基本保证。因此，足球教学中的思想品德教育工作评价，就成为足球教学工作评价的重要内容之一，可从下面几个方面去进行。

一看体育教师是否做到结合教材特点和教学活动的特点，有意识有目的地对学生进行思想品德教育，把思想政治工作有机地融入足球教学之中。

二看体育教师是否有针对性地运用说服劝告、典型榜样、评比竞赛、表扬和批评等方法对学生进行恰如其分的思想品德教育，并坚持严格要求与启发诱导、耐心说服相结合，鼓励与批评相结合，以及从实际出发、因材施教的思想品德教育原则。

三看体育教师是否做到以身作则，在课堂教学和课外交往中，是否以自己表里如一的言行、规范整洁的仪表、充满信心和严肃认真的工作态度、坚韧不拔的意志品质、文明高尚的品德修养等，去教育和影响学生。

足球教学中的思想品德教育的效果，可参考如下指标进行评价。

①学生集体中的互助友爱风气和集体主义观念是否形成。

②学生是否养成听从指挥、遵守纪律的良好习惯。

③大多数学生对足球训练是否有明确的目的和浓厚的兴趣。

第三章 足球运动基本技术

足球是一项技术动作非常复杂的运动。场上球员不同分工，技术特点不同，后卫的动作大部分是用脚技术完成的，而守门员的动作多数用手完成。但无论是前锋还是守门员，在这场比赛中，不仅要表现出体现技术水平的结合球，还要朝着结合球的目标做几个动作。

第一节 足球技术概念与分类

足球，作为风靡全球的体育运动，凭借独特魅力吸引着无数爱好者。在足球世界里，足球技术是运动员驰骋赛场的核心竞争力，更是校园足球教学的根基所在。清晰理解足球技术的概念与分类，是学生踏入足球殿堂的第一步，也是教师开展有效教学的重要前提。对于初学者而言，形形色色的足球技术动作令人眼花缭乱。只有梳理出技术动作的基本概念，按照科学体系进行分类，才能帮助学生快速掌握足球技术，理解足球运动的内在逻辑。

一、足球技术的概念

足球技术是指运动员在足球比赛中所采取的合理动作的总称。它是在比赛实践中逐步形成、发展和完善起来的。

足球技术是指组织足球教学和开展足球实践的基础。现代足球运动正朝着全方位攻守平衡型打法发展，战术的变革与创新不断出现，必将使足球技术的内容更丰富、难度更高。

衡量现代技术优劣主要是看比赛稳健性的"效率"技术，而不是场上的"杂技式"技术。

足球技术是"评估运动技能领域的主要标准，是在尽可能短的时间内以极快的速度和对手接近时处理球的能力"，内容包括准备状态的提高、身体素质、战术自觉、体能、战术训练、心理、健康、科学、智力、实战经验等综合因素。

二、足球技术的分类

足球技术又分为有球技术和无球技术两大类，如图3-1所示。

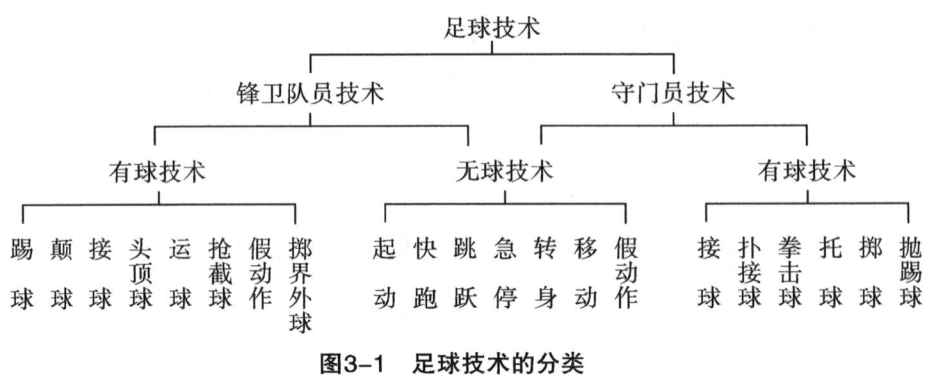

图3-1　足球技术的分类

第二节　足球的基本技术动作分析

　　足球场上，球员们行云流水般的配合、精彩绝伦的进球，都离不开扎实的基本技术动作。这些技术动作不仅是足球运动的核心元素，更是校园足球教学的关键内容。无论是培养学生对足球的兴趣，还是提升学生的运动能力，对足球基本技术动作进行深入分析，都具有不可替代的重要意义。对于学生来说，掌握基本技术动作是参与足球活动的前提；对于教师而言，清晰了解每个动作的结构、要领和易犯错误，才能实施精准的教学指导。这一节，我们将围绕足球基本技术动作展开深入剖析，为师生提供系统且实用的教学与学习指引。

一、颠球技术

颠球技术展示了使用身体部位的能力，并具有对球良好的控制力，能够使

48

球不掉到地面的技术，是增强球感的有效方式。在脚背上击球是最常见、最简单的动作，此外，还有脚内侧、脚外侧、胸部、肩膀、头部击球的动作，是校园足球运动员的训练内容，可作为运动前后两次练习之间的准备活动或熟悉球性的练习手段。

（一）技术动作要领

颠球技术主要有以下几种。

①脚背内侧颠球。以单脚连续颠球为例，身体重心移至支撑脚上，支撑腿的膝关节微屈，用脚的内侧向上摆动，击球的底部。

②脚背外侧颠球。抬腿屈膝，用脚的外侧向上摆动，击球的底中部，两脚外侧交替击球。（图3-2）

图3-2　脚背外侧颠球

图3-3　正脚背颠球

③正脚背颠球。以双脚连续颠球为例，身体重心移至支撑脚上，然后摆腿，双脚交替向前上方用脚背击球的下部。（图3-3）

④大腿颠球。以单腿连续颠球为例，身体重心移至支撑腿上，支撑腿膝关节微屈，用另一侧大腿的中前部位连续向上击球的下部。（图3-4）

图3-4　大腿颠球

图3-5　头部颠球

⑤头部颠球。双脚左右或前后并立，双膝微屈，身体重心在两腿之间，顶球时手臂弯曲，肘部自然打开以保持平衡，头部向后转使前额水平。目视球，当球落在两颊前额附近时，双腿慢慢推开，两膝并拢，前额击球于底部，将球颠起。（图3-5）

⑥肩部颠球。两臂屈肘自然张开，两脚左右开立，身体重心落在两脚间；当球下落到接近准备颠球一侧肩部时，躯干和头部稍向异侧倾斜，肩上耸，击球的底部，将球向上颠起。（图3-6）

图3-6　肩部颠球

⑦胸部颠球。两臂屈肘自然张开，两脚左右或前后开立，膝关节微屈，身体重心稍下降，上体成背弓后仰，收下颌；当球下落接近胸部时，两脚同时蹬地向上，展腹挺胸，撞击球的底部，将球向上颠起。（图3-7）

图3-7 胸部颠球

⑧各部位连续颠球。根据上述单一颠球技术动作要领，用各部位配合连续颠球，配合的部位越多，难度越大。颠球的部位有脚背、脚内侧、脚外侧、大腿、肩部、胸部、头部等。

⑨挑球。身体重心移至支撑脚上，膝微屈，支撑脚踏在球的侧后方25～30厘米处，挑球脚脚前掌轻轻放在接近球顶部位，屈小腿，将球轻轻拉向身体，然后前脚掌迅速地并向往回滚动的球下伸去，在球滚至趾背的同时，伸脚趾、伸小腿、屈大腿，将球向前上方轻轻用力挑起。

（二）应注意的问题

①脚击球时踝关节应紧张用力，不要松弛，以免造成用力不稳定。

②脚背颠球时脚背与地面平行，脚尖向下或向上勾会造成球受力后向前或向后触碰身体，使球难以控制。

③颠球时身体其他部位应放松，不然易造成动作僵硬。

④头部颠球时应注意腿部、躯干、颈部的协调用力，不宜仅靠颈部用力。

（三）练习方法

颠球练习是提高球感的最重要方法之一，可以将球在许多身体部位的感觉与局部变化结合起来。颠球可以使得身体的几个部位得到锻炼，同时提升对球的感知能力和控球技巧。头部颠球、大腿颠球、正脚背颠球、脚外侧颠球、脚内侧颠球和肩部颠球等，可以单独进行练习，也可以进行组合练习。

1. 一人一球颠球

自抛自颠，先一脚颠，熟练以后再用双脚颠球，体会触球的时间、触球的部位、触球的力量和整个动作的协调配合；在规定时间内累计不落地击球次数。

2. 两人一球颠球

用脚背、大腿、头部以及身体各部位触球，掌握好触球的力量，尽量不让球落地。每人可触球一次颠给对方，也可触球多次互颠。

3. 四五人一组，围圈用两球颠传球

可规定每人触球的次数与部位，也可自由掌握触球的次数与部位。颠传时要注意观察，防止两个球同时颠传给同一伙伴。

4. 各部位颠球

左、右脚背，左、右脚内侧，左、右脚外侧，左、右大腿，左、右肩，头，胸等部位颠球。

二、运球技术

运球技术一般由脚背外侧运球、脚背内侧运球、脚背正面运球和脚内侧运球这四种基本的运球方式组成。为了战术需要和个人突破摆脱对方的阻截或破坏对方的防守时常常采用运球技术，这是足球运动的一项基本技巧。

在练习运球技术时，强调用两只脚交替进行高频步、小步运球，保持低重心，动作协调流畅，同时学会如何用身体掩护球，养成观察的习惯。

（一）基本运球技术

1. 正脚背直线运球变向

在练习正脚背直线运球变向时，可以练习用脚后跟拉球，将球在脚后跟内侧和外侧滚动。如果想要精通技术动作，还必须观察和控制球与身体的距离，

身体重心的高度以及运球变向后的动作。

2. 单脚组合运球听信号变向

单脚运用全方位的踢球、外踢和内踢来控制球，以便向前移动球。在运球过程中，控制好收球和速度，这样就可以随时控制球，并在听到信号后立即改变球的方向。

3. 变速运球

在整个过程中，听取指令以启动动作，如运行、急停等，这样就可以学会控制球的速度，感受运球动态的变化。

4. 单脚的内、外脚背变向运球

单脚运用正脚背、内脚背、外脚背组合运控球，并结合内、外脚背进行变向运球。

5. 扣拨组合变向

扣拨组合变向是双脚交替进行的，是一只脚内脚背扣球变向后紧跟另一只脚外脚背扣拨球的组合运控球练习，用来提高双脚的控球变向能力。

6. 蛇形运控球练习

在地上摆上练习标志，进行蛇形运控球练习。由单脚的运控变向练习向左右脚组合运控球练习过渡。

7. 一对一变向运球

结合运球假动作进行一对一的运球突破练习。防守者进行被动防守，在运球变化后模仿防守后卫和侧翼的领先模式，并结合模拟运球动作改变演练路线。

8. 一对一掩护运球

背对防守者，用脚内的球进行个人练习，以提高控制球的能力。

9. 圆圈运球

多重动作，在有限的空间内进行各种突然停止和方向变化，以练习对球的

控制和进行全面的运动。在运动过程中，要求尽可能多地解放双眼，以保护球躲开障碍物及规避对其他球员的伤害，从而提高控球的能力。

（二）应注意的问题

1. 快速运球时，回扣球不易控制

原因：支撑脚距球太远或转身不够。

纠正方法：先慢速运球练习，扣球时支撑脚前跨，先转动身体再扣球，熟练之后再过渡到快速扣球。

2. 脚背正面颠球练习时动作不连贯

原因：触球部位不对或施力不对，另外各部分肌肉紧张也可导致动作僵硬。

纠正方法：双脚交替颠球练习，两次一组，多组练习。

3. 做左右拨球时动作脱节

原因：拨球后身体重心没有及时压低跟上，拨球后身体移动较慢，造成下一环节动作没有准备。

纠正方法：按动作要领进行曲线拨球练习，由慢到快，注意重心移动。

4. 直线运球时，速度加快后难以控球

原因：触球后身体没有前移，造成脱节，另外触球力量过大，球距身体较远。

纠正方法：练习时速度由慢到快，频繁触球，重心及时跟上，反复练习。

5. 运球突破时，球易被断掉

原因：没有假动作，意图被防守者识破或做动作时距防守者太近造成被抢断。

纠正方法：原地或移动中练习过人技术，注意假动作和做动作时机的把握，反复练习。

6.只顾低头盯球运球视野太窄

原因：控球能力差或平时养成习惯造成。

纠正方法：加强球性练习，克服低头习惯，学会用余光观察防守者。

（三）练习方法

1.原地及前后脚底拉拨球练习

注意身体重心控制支撑脚，用脚底交替前、后、左、右拉拨球，练习时用眼睛的余光观察球。

2.侧向脚底拉拨球练习

注意从脚掌和球贴合于球的一侧开始，经过球顶于另一侧结束，然后着地支撑，换脚交替练习。

3.听信号脚底拉拨球变向练习

运球时，让身体重心以适中的速度进行，这样就可以随时进行对球的控制。听到哨声或信号时，用脚底拉球并改变方向。运球时，要考虑控制身体与球之间的距离，并为变化的方向做好准备。还要时刻注意支撑脚的脚尖，这有利于旋转后的第一次快速启动；并控制球的力量，将球朝下一个方向移动。

4.胯下原地及前后移动扣拨球练习

双腿微屈，做钟摆运动，控球脚于着地前扣拨球外侧，将球拨向另一只脚；通过脚尖的微微开合，控制球缓缓向前或向后移动。

5.脚背内侧扣拨球练习

支撑脚脚尖外旋，支撑于球的外侧，脚背内侧由上往下以切削的动作扣击球的侧面，使球变向。

6.脚背外侧扣拨球练习

运球脚脚尖下指并内旋，以脚背的外侧推击球的侧后方，使球向控球脚一侧变向。运球变向时，注意支撑脚支撑于球的外侧，用力蹬地以利于变向后的快速启动。

7. 内、外脚背的扣拨球组合练习

该练习是结合内脚背扣球变向和外脚背拨球变向的组合运控球技术。要求左、右脚连续交替地扣拨球，即以一只脚的内脚背进行扣球变向后另一脚以外脚背继续推拨球。要求两脚衔接连贯自如，以达到变向后迅速对球进行控制并将球运控至下个动作需要的位置的目的。

三、踢球技术

踢球是运动员有目的地用脚的某一部位把球击向预定目标的技术动作。它是足球技术中最重要的技术之一，主要用来传球和射门。踢球的方法很多，其动作要领也不尽相同，然而它们的整体结构却一致，都是由助跑、支撑脚站位、踢球腿摆动、脚触球和踢球后的随前动作五个环节组成。

（一）技术动作要领

常见的足球踢球技术主要有以下几种。

1. 脚背正面踢球

在脚跟前部击球是一种用脚后跟前部的楔骨和跖骨击球的方法。其特点是对踢球脚的冲击力最大，球与脚的接触比较大，因此踢出的力量非常强，准确性也非常强。但是，从上述因素来看，球的方向和形状的变化是微乎其微的。在比赛中，经常用脚背踢定位球、地滚球、空中球、反弹球和勾球，不仅可以踢直线球还可以用来踢前旋球。

（1）脚背正面踢定位球动作要领

当你接近一条直线时，最后一步稍大着地，支撑脚在球的侧面10~12厘米，手指朝向球，膝关节略微弯曲，踢腿在支撑小腿前踏压，当最后一步离地时，向右摆动，小腿弯曲。脚着地时，用髋关节代替脚，小腿移动大腿从后向前摆动，而膝盖靠近球的顶部，前面的小腿使其具有爆发力，脚背绷直，脚趾扣紧，以脚背击球后中部，踢球提膝前摆。

（2）脚背正面踢反弹球动作要领

这种类型的踢球技术通常用于长距离传球和射门，必须准确地知道落点、落地时间和反射方向。身体方向对球的反弹和支撑脚有关。当球落地时，小腿快速转动，球一弹离地，球的后部和中部就撞到脚后跟的前部。

（3）脚背正面踢空中球（侧身踢空中球）动作要领

首先要判断球的方向，确定球的击球位置，保持身体的一侧朝向球的路径，脚放在支撑脚上，脚趾指向球的方向，将上半身抬到支撑腿的一侧。大腿将小腿推向球的方向快速猛拉，脚后跟前部抵住球的后部和中部。其次在踢球时，眼睛始终盯着球，身体转向球。踢完球后，面对出球方向。

（4）脚背正面踢倒勾球动作要领

脚背正面踢倒勾球。一般在背对出球方向，不便使用其他脚法时，可采用倒勾踢法。支撑脚先向前跨一步，膝关节弯曲，上体后仰，踢球腿以髋关节为轴尽力向上方摆动。当球落到头的前上方时，用脚背正面向后勾踢。

（5）脚背正面跳起踢倒勾球动作要领

先判断好来球的运行路线并确定好击球点，然后踢球脚上步蹬地起跳，同时另一腿上摆，使身体腾空后仰，眼睛注视来球。在另一腿下摆的同时，踢球腿以大腿带动小腿急速挥摆，两腿在空中成剪式交叉，以脚背正面踢球的后中部，踢球后，两臂微屈，手掌向下撑地，手指指向出球的相反方向，屈肘，然后背部、腰、臀部依次着地。

（6）脚背正面搓过顶球动作要领

摆动腿的动作是由后向前下方用力，脚掌贴擦地面，脚尖插入球底，踢球的底部，使球由脚尖经脚面向前上方回旋而出。该动作易犯错误在于，踢球时脚尖没有插进球的底部，造成击球点不正确。

2. 脚内侧踢球

它是用脚内侧的跖趾关节、舟骨和跟骨所构成的三角部位接触球的一种踢球方法。其特点是脚与球的接触面积大，出球比较平稳、准确。出球力量较小，多用于近距离的传球和射门。

以踢定位球为例，直线助跑，两眼看球，支撑脚在球侧后方10～15厘米处，脚尖指向出球方向。踢球腿以髋关节为轴由后向前摆动，脚踝外展，脚尖稍翘，以脚内侧部位对准来球。踢地滚球时，脚趾应对准出球方向，击球部位应准确，以保证击球时能发上力。对速度较快的来球，要通过加大摆踢力量和调整出球方向，消除其初速度对击球方向的影响。

（1）脚内侧踢空中球动作要领

要以接球方向和跑动速度同步调整身体姿势，抬起并保持支撑腿稳定，弯曲小腿并将其摆至身体侧后方，借助小腿由后向前的摆动发力。

（2）脚内侧向左右侧踢球动作要领

①右（左）脚向左（右）侧踢球：踢球时，右（左）脚以脚内侧对正出球方向，由右（左）向左（右）侧摆腿，用推敲击球动作将球踢出。

②右（左）脚向右（左）侧踢球：踢球时，以支撑脚前脚掌为轴，上体向右（左）扭转，使脚内侧对正出球方向，向右摆腿踢球。

（3）脚内侧踢反弹球动作要领

根据球落地的位置及时移动，击球时支撑腿与击球点需保持正确位置。身体重心与触球脚的站位相协调，当球落地反弹瞬间，用脚内侧击打球体中部。

3. 脚背内侧踢球

它使用脚后跟内侧的楔骨、跖骨、关节和指骨来组合踢球，一般是在中远距离，或者一定角度踢射。由于位置和鞋底选择的更大灵活性，球的方向发生了巨大的变化。因此，他们可以击打直球、长曲线等。

（1）脚背内侧踢定位球动作要领

对于横向助跑，助跑方向与球的方向成45°角。最后的脚后跟稍大一点，脚后跟外缘的脚底支撑牢固地接触地面，脚距球侧20~25厘米。当支撑腿着地时，腿踢以螺栓的形式接管髋关节，带动小腿大腿从后向前摆动。支撑腿稳固支撑，大腿保持一定姿势，与此同时，摆动腿的小腿以爆发性的力量摆动，使小腿摆动轨迹形成一个平面。在摆动过程中，手臂自然配合，手指向外转动，拇指指向特定方向，十指呈勾手状态，手指方向斜对角。击球瞬间，用脚背内侧击打球的后中部；若要踢高球，则击打球的中部和底部，击球后，摆动腿顺势继续前送，推动球飞行。

（2）脚背内侧踢弧线定位球动作要领

踢弧线球时，脚背内侧部位击球的后中部，摆腿的方向不通过球心，沿弧线前摆，在踢球的瞬间，踝关节用力向内转并上翘，使球侧旋沿一定的弧线运行。

（3）脚背内侧转身踢球动作要领

助跑的最后一步落在球的侧前方，即球的侧面与前方交界处。击球前最后

一步，支撑脚蹬地时身体稍转，当身体转向球的位置时，支撑脚以脚跟外侧着地，脚趾指向出球方向，上体稍前倾，膝关节微屈。在支撑脚蹬地的同时，摆动腿以髋关节为轴，大腿向后摆起，小腿后屈；当膝盖接近球的内侧时，小腿快速向前摆动，脚稍外展，脚趾伸直，脚尖指向外侧，脚跟向内发力；击球的后中部，触球后随球前摆，将球向前送出。

（4）脚背内侧踢凌空球动作要领

根据来球的速度和步伐，选择合适的时机击球和移动，身体指向球的方向，另一只脚指向球的方向。手指的脚趾面向球，身体靠在脚趾的一侧。大腿支撑小腿位置后，将小腿从后向前移动，当大腿快要到撞击点时，小腿爆发或翻滚，击中大腿内侧的球中心。同时，身体朝着球的方向旋转，眼睛始终盯着球。击球后，向前伸展脚踝以保持平衡。

（5）脚背内侧踢反弹球动作要领

根据来球的落点及时移动到位，在球离地（反弹）的瞬间踢球，其他的动作要求与踢定位球相同。这种踢球方法多用于踢侧方或侧前方来的空中下落的球。

（6）脚背内侧搓踢过顶球动作要领

动作方法基本上与踢定位球相同。只是支撑脚踏在球的侧后方，踢球脚不要过于绷直，踢球的后下部，并稍有下切的动作，使球向前上方飞起并回旋。踢球脚不随球前摆。

（二）应注意的问题

1. 脚背正面踢球应注意的问题

（1）踢定位球时，支撑脚的位置靠后，造成踢球时身体后仰，踢球的后下部，出球偏高。

（2）踢球腿前摆时，小腿过早前摆，造成直腿踢球，出球无力。

（3）摆腿方向不正，造成脚触球部位不准。

（4）踢球时，因怕脚尖触地，脚背不敢绷直，造成脚趾触球。

（5）踢反弹球时，判断来球落点不准，支撑脚的站位不当。

（6）摆动腿过早或过晚，造成踢球部位不正确。

（7）击球点靠前或靠后，传球不到位。

（8）身体重心前移不够，上体后仰。

（9）踢空中球时，摆腿过早或过晚，造成漏踢。

（10）支撑脚尖没有对着出球方向，限制了身体的扭转。

（11）踢倒勾球时，上体后仰不够，造成踢球时腿朝斜上方挥摆，击在球的中下部，出球偏高。

（12）上体后仰不够，膝关节太直，造成踢出的球方向不是向背后而是向上运行。

（13）击球时间过早或过晚，造成球的运行方向偏离目标。

（14）跳起踢倒勾球时，不敢跳或跳起后不敢向后仰体。

（15）落地以手掌撑地时，手指方向不对，容易造成肘、腕挫伤。

2. 脚内侧踢球应注意的问题

（1）支撑脚上前不积极，身体侧转，动作不协调，造成踢球脚前摆无力。

（2）传球腿膝盖外转不移，脚尖没有微翘起。

（3）摆腿动作太紧张，出现直腿扫球动作。

（4）触球部位偏下，踝关节放松，脚掌内翻，造成出球偏高和不稳定。

（5）判断空中来球落点不准，支撑脚的站位不当。

（6）摆动腿过早或过晚，造成踢球部位不正确。

（7）击球点靠前或靠后，传球不到位。

（8）向左右传球时支撑脚站的位置不对，找不好击球点。

（9）摆腿击球时间不当，出现踢空现象。

（10）踢球的部位不准，传球不到位。

3. 脚内侧踢各种方向来的地滚球时应注意的问题

（1）脚触球瞬间，支撑脚与球的相对位置能否保证与踢定位球时基本相同。

（2）出球方向应考虑球与脚接触时的入射角及球运行的速度。

（3）由于来球方向不同，踢球腿摆动多数依靠小腿爆发式的摆动。

4. 脚背内侧踢球应注意的问题

（1）踢定位球时，支撑脚的位置偏后，踢球时上体后仰易把球踢高。

（2）踢球脚尖外转不够，接触部位不正确。

（3）没有直向出球方向摆腿，形成划弧动作以致出球点偏外。

（4）踢弧线球时，在踝关节用力过大或过小。

（5）踢球时击球部位过薄，造成出球没有力量。

（6）踢球时击球部位过厚，造成出球的旋转速度差、旋转弧度过小。

（7）踢球时没有沿球面弧形摆动，影响球的旋转效果。

（8）转身踢球时，支撑脚的脚尖没有指向出球方向。

（9）转身和踢球动作不连贯，在转身的同时，摆动腿没有积极跟随前摆。

（10）转身时，上体没有前倾。

（11）踢凌空球时摆腿过早或过晚，造成漏踢。

（12）支撑脚尖没有对着出球方向，限制了身体的扭转。

（13）上体倾斜不够，造成踢球时腿朝斜上方挥摆，击在球的中下部，出球偏高。

（14）踢反弹球时，判断来球落点不准，支撑脚的站位不当。

（15）摆动腿过早或过晚，造成踢球部位不正确。

（16）击球点靠前或靠后。

（17）身体重心前移不够，上体后仰。

（18）搓踢过顶球踢球脚没有插进球底部，造成脚触球的部位不正确。

（19）击球点不在球的后下部，使球不能产生回旋。

5. 脚背内侧踢各种方向来的地滚球时应注意的问题

（1）根据来球的速度、运行路线，选好击球时的位置并及时移动到位。

（2）在选择支撑点时应根据来球的情况和摆腿的速度，让球与脚的相对位置保持动作要领要求，以保证脚击球的正确。

（三）练习方法

通常从无球模拟锻炼开始，进行固球练习和定位球练习。大多数踢腿技术可以与停球练习结合使用。

支撑脚的位置、摆脚的运动以及脚与球的接触决定了球的路径、方向和潜在的力量。为保证投球时脚部处于最佳位置，必须根据来球的方向和速度获得预设位置；观察踢腿的动作，避免直脚推球的不良做法；用右脚踢球时，重要的是在踢球时保持脚的张力。

1. 脚背正面踢球练习方法

（1）徒手模仿练习，按照动作要领在慢跑中做正确徒手模仿的踢球姿势，保持动作的稳定和连贯。在完成技术动作的过程中注意大腿带小腿的摆动和小腿的摆速、大腿的前送动作，同时保持支撑腿的弯曲和身体重心的稳定。

（2）两人一组，一人踩球一人做脚背正面踢球技术动作，体会脚触球部位、体会击球部位。

（3）两人一组踢定位球，俩人相距10～15米踢定位球。一人踢球一人停好，将球再踢回去。

（4）踢准练习，两人一组相距10～15米，中间摆一个2～3米宽的门形标志物，两人踢定位球通过门形标志物，反复练习。

（5）两人一组距离由近到远逐渐拉大和加大踢球的力量练习。体会远近距离踢球时的不同力量。

（6）踢反弹球练习，两人一组相距8～10米自抛自踢。体会支撑脚位置和击球点位置。

（7）两人一组相距8～10米，一人抛球一人踢活动中来球，体会活动中踢反弹球动作要领。

（8）利用球墙练习脚背正面踢球的技术动作。由原地踢球逐步过渡到在活动中踢球。体会活动中球的落点、支撑脚的位置和身体重心的变化。

2. 脚内侧踢球练习方法

（1）徒手模仿练习，在没有球的情况下，原地和上一步踢球模仿练习，按照正确的姿势在慢跑中做正确的踢球姿势，保持动作的稳定和连贯。在完成技术动作的过程中注意小腿的摆速和大腿的前送动作，同时保持支撑腿的弯曲。主要体会支撑脚的位置、摆腿的方向、正确的脚型。

（2）助跑踢球的模仿练习，主要体会助跑的方向，摆腿的路线、方法及两腿的配合。

（3）原地轻触踢实心球练习，体会脚触球的部位。

（4）两人一组，一人踩球一人做脚内侧踢球技术动作，体会脚触球及踢球部位。

（5）两人一组定位传球。俩人相距4～5米传定位球。一人传球一人停好，将球再传回去。

（6）传准练习，两人一组相距10～15米，中间摆一个2～3米宽的门形标志物，两人传球通过门形标志物。

（7）连续传球，两人一组相距8～10米做不停球的连续传球练习。

3. 脚背内侧踢球练习方法

（1）徒手模仿练习，原地和上一步踢球模仿练习，主要体会支撑脚的位置、摆腿的方向、正确的脚型。

（2）助跑踢球的模仿练习，主要体会助跑的方向，摆腿的路线、方法及两腿的配合。

（3）原地轻触踢实心球练习，体会脚触球的部位。

（4）两人一组，一人踩球一人踢球，体会踢球部位。

（5）定位踢球。两人相距8～10米踢定位球，逐渐加大距离。

（6）利用球墙，距离由近到远练习踢准，体会踢球时控制球的力量。

（7）脚背内侧踢活动球，结合射门练习。

（8）脚背内侧踢弧线球，两人相距8～10米，中间设一旗杆，踢弧线球绕杆练习，逐渐加大距离。

四、停球技术

与其他足球比赛相比，足球地面进攻技术是多维的和复杂的。身体有不同的部位用来拦截球，而传入的球从地面到空中都有不同的弹性变化。比赛中的复杂变化需要有效利用各种拦截策略，只有在下一次踢球时将传入的球停在要求的位置，才能称为有效的干扰策略。简而言之，我们需要的不仅仅是将球停在我们脚下，而是将球停在需要它的地方。停球的方法大致分为两类：用身体挡住、挤压球（抵消来球的力量，将球挤向地面和空中）。

（一）技术动作要领

1. 脚内侧停球

（1）脚内侧停地滚球

将脚趾尖正对来球，稍微弯曲膝盖，然后用肘部跟随球向一侧移动。接球

脚抬起膝盖，抓住大腿，脚尖微微抬起，脚跟与地面基本平行，脚内侧面向来球。如果需要从侧面停球，球上的脚趾应水平指向一侧，脚内侧应与来球方向成一定角度接触球。同时抬起支撑腿，以前腿为踏板，平稳地移动和扭转身体。如果传入的球不那么强烈，请将脚抬高到一定高度，并以与脚内侧的地面成锐角的方式轻轻触球。也可以将接触球时向前推动球的力转换为旋转力，使用较低的切割动作从脚下接住球。

（2）脚内侧停反弹球

根据来球的落点，及时移动到位，支撑脚与球落点的相对位置在球的侧前方，支撑腿膝关节微屈，身体向停球后球运行的方向偏移。接球腿提起小腿且放松，脚尖微翘，脚内侧对着接球后球运行的方向并与地面成一锐角，当球落地反弹刚离地面时，大腿向接球后球运行的方向摆动，用脚内侧部位轻推球的中上部。用这种方法停球时，也可在触球时使球产生旋转以达到停好球的目的，但应注意球的旋转并及时加以调整。

（3）脚内侧停空中球

根据来球的速度及运行轨迹，及时移动到位。若为抛物线较小的平空球则应根据临场的实际情况选择适当高度的停球点，将接球腿抬起，使脚内侧部位对准来球的方向并前迎，脚在接触球的一瞬间后撤，并将球停在所需的位置上。

2. 脚背正面停球

脚背正面停球的部位是穿系鞋带的部位。其特点是迎撤动作自如，关节活动度大，接球稳定，但变化较少，适用于下落球。停球时，身体正对来球，判断来球路线和速度，支撑脚稳固支撑，接球腿屈膝提起，以脚背正面对球迎出，触球刹那，接球脚引撤下放，膝、踝关节相应放松，以增强缓冲效果。欲将球停于体前或体侧时，接球脚跟稍提，触球刹那踝关节适度紧张，通过对触球面角度的调整，控制出球方向；欲将球停至身后时，接球脚脚尖要勾翘，踝关节适度紧张，控球刹那引撤速度要快，身体随之转动，控制出球方向。

3. 脚背外侧停球

脚背外侧停球特点是动作幅度小、速度快、灵活机动、隐蔽性强。但动作难度较大，接球时常伴随假动作和转体动作，适用于停地滚球和反弹球。

（1）脚背外侧停地滚球

将停球点放在接球腿一侧，支撑腿膝关节微屈。接球腿提起屈膝，脚内翻使小腿和脚背外侧与地面成一锐角，并对着停球后球运行的方向，脚离地面的高度应略等于球的半径，然后大腿向接球后球运行的方向推送，同时身体随球移动。

（2）脚背外侧停反弹球

根据来球的落点及时移动到位，支撑脚站在来球落点的侧后方，除触球部位外，其他环节均与脚背外侧停地滚球相同。

4. 脚底停球

（1）脚底停地滚球

身体正对来球方向，移动前迎，支撑脚站在球的侧面（或前或后均可），脚尖正对来球方向，膝关节微屈。同时接球腿提起，膝关节微屈，脚略背屈，使脚底与地面约小于45°（且脚跟离开地面），一般以前脚掌接触球的上部为宜。在触球瞬间接球脚可轻微跖屈（前脚掌下点）将球停住，也可根据需要在接球同时将球推向前方或拉向身后。

（2）脚底停反弹球

向前迎球及时接球，让来球落地，站在支撑脚后面，脚趾朝向来球，当球着地时踩到球上。将球带到膝盖稍上方，在触球的那一刻弯曲膝盖，将球向后拉，将前腿向支撑腿的轴线旋转90°以上。

5. 胸部停球

（1）挺胸式停球

面向来球站立（左脚、右脚或前后脚），稍微弯曲膝盖，将重心放在握点上，将上半身向后压，轻轻挤压下颌，然后张开双臂。当然，要保持平衡。触球时，双脚站稳于地面，膝关节微屈，用胸部轻触球的下侧，将球停于身前。对于直高球，可通过该技术将球停在胸前：触球时膝关节微屈，上体保持正直，身体随球转动，保持身体平衡，通过胸部后撤缓冲将球停在胸前。

（2）收胸式停球

收胸式停球与挺胸式停球的区别在于触球瞬间的动作差异。当球接近时，将手臂向后放下并打开胸部。当球碰到胸部时，迅速挤压腹部和胸部，以抵消来球的力量，将球扔到身前。胸部停球的接触点高，下降停止时会跳跃。所以做完摆臂后，需要及时检查脚下的球。如果要将球停在身体的一侧，则必须在触球时旋转一次身体以引导球。

6. 大腿停球

大腿停球可分为收腿缓冲接球和提腿接球两种方式。正对来球，判断并移动到接球落点，提膝抬腿，以大腿中段接球，触球瞬间腿部放松下放以缓冲来球力量；提腿接球则于接球瞬间大腿微微上提，改变来球力量，使球在腿上轻轻向上弹起，然后进行后续的处理。

（二）应注意的问题

停球技术的掌握不能单单停留在技巧层面。好的停球体现在技术运用的合理性方面，包括停球前对场上态势的观察、对来球落点的快速判断及迅速的移动到位等。

（三）练习方法

1. 单人停球练习

可以对墙踢球，练习脚底、脚内侧、脚外侧停地滚球；自己抛球，练习大腿停球、胸部停球等。

2. 辅助练习

由同伴辅助抛球或踢球，重复进行某种单一的停球技术练习。

3. 结合传球进行停球练习

在初步掌握停球基本技巧后，大多数的停球技术就应该转入结合传接进行停球练习，以提高练习效率。

4. 停球技术的辅助练习

在停球技术的辅助练习过程中，一般是通过同伴精准的抛球或踢球来降低练习者的判断和移动难度。通过重复练习，使练习者掌握动作技能。在基本掌

握动作技巧后，应该转人前进或后退的跑动中进行练习。

五、头顶球技术

头顶球是指运动员用脸颊击球以达到预定目标。在足球比赛中，他们必须看不同形状和形式的不同地球，以及处理不同的空气球。如果碰到一些不能摸到胸口以上的球，或者按规定是不允许摸的，就需要用头了，因为人体的头正好解决了这个问题。人体的正面比较平坦，如果你掌握了顶球的技术，顶出的球会更有力。

现代足球比赛中对时间与空间的争夺异常激烈，头顶球技术的使用不仅帮助运动员占据空间，又能争取时间，所以头顶球是处理高空球的最重要手段。使用头顶球技术，不仅可以进行传球、抢断球、高球射门，而且利用鱼跃头顶球可以扩大运动员的控制范围。防守时抢险头顶球是足球运动技术中的一种，指运动员用头的某一部位顶击球。用于进攻中的传球、射门和防守中的抢断，头顶球可用头的正额面或额面侧，可原地顶或跳起顶；由判断移动选准顶球点、摆动击球、击球时间和击球部位等环节组成。

（一）技术动作要领

1. 前额正面头顶球

（1）原地前额正面头顶球

身体朝向来球对齐，眼睛集中在滚动的球上，腿左右（或前后）移动，膝盖略微弯曲，重心放在支撑上。双腿（或后腿）之间的手臂自动张开。当球在垂直线上加速时，将双脚牢牢地推入地面，身体快速向前伸展，下巴微拉，颈部在触球时做一个断裂的动作。将前额按入球的中心，并用球向前移动上半身。

（2）跑动前额正面头顶球

将顶球的操作与前场引导球类似，不同之处在于第一次接触必须传到下一个球。球出手后，身体因速度过快而随着球向前移动并保持平衡。

（3）原地跳起前额正面头顶球

弯曲双膝，降低重心，然后将双脚压在地板上。同时，双手放下肩膀并向上摆动。手是张开的，眼睛盯着传入的球。当球弹入身体前平面时，迅速拉腹，上身向前伸展，触球时颈部做一个爆发性动作，用脸颊前部将球弹起，出去。同时，在出球后伸展双腿，将膝盖和脚踝弯曲到地板上。

2. 前额侧面头顶球

（1）原地前额侧面头顶球

可以一次移动到一个地方，具体取决于传入球的速度和轨迹。双脚向前和向后（或左右）站立，另一只脚在球前，重心慢慢移向前脚，眼睛盯着来球和前膝盖。微弯双臂从前向后张开，到达前顶时用力推入地面，正常转动双腿前部，上身顺球方向转动并摇头。还一种动态的方式，从脸颊一侧击球的后部和中心。

（2）跑动前额侧面头顶球

就像顶球一样，不同之处在于以快速跑步开始和结束这项活动，并在活动结束时检查身体平衡。

（3）跳起前额侧面头顶球

原地顶球与助跑跳顶球。第一次接触的开球就像头顶球一样，起跳后上半身向与球相反的方向摆动。当身体到达其高度时，上半身迅速向球摆动，旋转脖子并摇头。脸颊侧击球的后中部，将球击向预定目标。当你着地时，弯曲你的膝盖，减轻坠落的力量，平衡你的身体。

（二）应注意的问题

（1）初学时心理胆怯，不敢做动作，造成闭眼顶球。这是一种非常不好的习惯，所以在进行各种头顶球练习时，先应克服惧怕心理，勇敢击球。

（2）对来球的运行速度、运行轨迹及球的旋转判断不准确，顶不着球。头顶球技术相对不好掌握，只有在练习中不断熟悉球性才能提高。

（3）掌握不好起跳时机，太早或太迟，顶不着球，有时虽然顶到球但顶球无力。只有在练习中不断总结，把握击球时机，才能使身体摆动和主动用力发挥作用。

（4）触球部位不准确，触球部位不准确直接影响击球效果，根据战术需要而选择不同触球部位来达到预定目标。弧线大的球需触球的中下部或底部，平直球则需触球的中部，同时身体摆动要协调配合。

（5）击球没有力量。主要原因是没有利用展腹、收腹、屈膝用力这些环节。光靠甩头击球力量是不够的，要主动用力。

（三）练习方法

（1）做无球模仿练习。原地或跳起模仿头顶球技术。

（2）自己双手持球或同伴持球体会头顶球的感觉。

（3）利用辅助手段如吊球进行原地或跳起头顶球练习。

（4）利用足球墙反弹球或同伴手抛球进行各种原地或跳起顶球。

（5）两人对顶练习或在前进、后退中练习。

（6）两队人相对站立，顶球后到对方排尾站好，然后对方接头顶球后再到对方排尾，如此连续练习。

（7）三人三角站立连续头顶球练习。

（8）三人一字站立，中间一人接手抛球练习向后蹭顶球练习。

（9）三人二球一字站立，中间一人接手抛球练习头顶球，然后转身顶另一人手抛球，如此反复练习，三人交换练习。

（10）三人一组一球，一人抛球，两人争顶练习或两人横交叉跑动顶球练习。

（11）一人接多人手抛球连续顶球转身跑动练习。

（12）接任意球或角球顶射练习，一人或多人抢点。

（13）两人争顶球传给同伴后接球射门练习。

六、抢截球技术

抢截球战术是指使用运动员身体的适当部位在规则允许的范围内接住或破坏对手的球。

抢截球有两种含义：一是在对方控球时抢断或破坏脚下的球；二是在对方通过传接球控制球的情况下偷球或破坏球。

抢截球技术是一种旨在争夺控球权的策略。如果一支球队在一场比赛中无法控制球，你就无法控制你的对手，而在一场激烈的比赛中，控球权是不断变化的。所以只有在擅长的情况下，才能失而复得赢得比赛。所以每个足球运动员都必须擅长。

（一）技术动作要领

抢截球主要分正面抢球、侧面抢球、侧后抢球。

1. 正面抢球

进攻者运球向着抢球者而来，为了将对手所控制的球抢过来或破坏掉所采用的一些动作方法。

（1）正面跨步堵抢

抢球者两脚前后开立，迎着运球者而站，两膝微屈，身体重心下降并置于两脚间，当运球者与抢球者间的距离缩小到一定范围（即抢球者上前跨一大步可能触及球），运球者脚触球后即将落地或刚刚落地时，抢球者后脚用力蹬地并跨步向前，以脚内侧去堵截球，当已堵住球时，另一只脚应迅速上步。若抢球脚堵住球，对手也堵住球时，则抢球者应将另一只脚迅速前移做支撑脚，抢球脚在不脱离球的情况下迅速向上提拉，使球从对手脚面滚过，身体重心也迅速跟上并将球控制好。

（2）正面铲球

这种方法多用于对手控球离身体较远，但抢球者尚不能在正常的姿势下抢到球时，就采用扩大自身防守面的做法，争取尽可能快地触到球。

动作要领：移动接近控球者，膝关节微屈，重心下降，当控球者触球脚触球后尚未落地时，抢球者双脚沿地面向球滑铲并随即用手扶地做向一侧的翻滚，并尽快起身。一脚单脚蹬地后，另一脚向前滑出，蹬地脚迅速绕髋关节摆动沿地面将球扫踢出去。

2. 侧面抢球

当防守者与控球者距离大体相等，并肩跑动时或防守者追赶运球者距球的距离几乎相等时，所实施的抢球动作。

（1）合理冲撞抢球

当防守者并肩与运球者跑动追球时，防守者重心稍下降，靠近对手一侧的手臂紧贴身体，利用对方同侧脚离地的过程，用肘关节以上部位适当冲撞对手同样部位，使对手身体失去平衡，趁机将球控制住。

（2）异侧脚铲球

当抢球者与对手都不能用正常的动作触球时，应根据与球的距离，用同侧脚用力蹬地使身体跃出，异侧脚沿地面向前用脚底将球铲出。铲球后小腿外侧、大腿外侧、手依此着地，并快速起身。

3. 侧后抢球

当防守者追赶控球的进攻者而未与对手平行时，为了制止对手将球传出或继续控球所采取的一种抢球方法。

侧面铲球动作同样适用于侧后铲球。

另外当防守者追赶运球者相差约半步距离时，可将抢球脚伸向球的前方，支撑腿膝关节屈，重心下降，抢球腿膝关节微屈，用脚内侧（异侧脚）或脚背外侧（同侧脚）将球扣堵住。这也可能造成对手下肢突然间因被动制动而失去平衡，并失去对球的控制。在激烈的比赛中，由于铲球可以更大限度地争取时间和扩大控制面，而被广泛的应用到踢球、接球、运球、抢球等技术中。

（二）应注意的问题

1. 铲不到球

原因：铲球时，出脚时机不正确，导致铲不到球。

纠正方法：盯住对方控球脚的移动，找准时机快速倒地铲球。

2. 抢球扑空

原因：抢球时被对方假动作迷惑。

纠正方法：抢球时保持好重心，盯紧对方脚下的球，移动时要有爆发性和突然性。

3. 抢球时轻易出脚

原因：时机判断不准，出脚不坚决，缺少爆发力。

纠正方法：抓住对方控球脚离球瞬间，出脚快速果断。

（三）练习方法

1. 原地正面脚内侧堵抢触球体会练习

将球放在队员甲脚前，队员乙与其相距两米，队员乙上步做正面脚内侧堵抢的练习，当队员乙触球瞬间队员甲也用脚内侧触球。让抢球队员乙体会上步动作及触球部位。可两人轮换做抢球。

2. 行进间正面脚内侧堵抢时机练习

甲、乙两队员相对站立，队员甲运球向乙跑去（慢速），队员乙选择好时机实施正面脚内侧堵抢的动作，最好在乙触球时甲也触球，体会在活动中堵抢的动作要领。

3. 正面脚内侧堵抢接提拉球时机练习

当甲、乙两队员在练习中同时触球时，抢球队员乙立即提拉球，将球拉过队员甲的脚面并控制住球。经过一段练习后，可在触球瞬间两人同时提拉，体会提拉时机的掌握。

4. 两人同方向慢跑练习

在跑的过程中，两人可做适当合理地冲撞，体会冲撞的时机和冲撞的部位以及冲撞时如何用力等。

（1）在两人前面5米处放一球，听信号后同时向球跑去，要求两人同时跑动（相互配合）选择适当的位置和时机进行合理冲撞将球控制。经过一段练习后，可将静止球变为活动球，即教师或教练员持球站立，两队员站在其两侧，当球沿地面抛出后，两队员同时起动追赶球，利用合理冲撞将球控制住。

（2）一人直线运球前进，另一队员由后赶至成并肩时伺机实施合理冲撞并控制球，这种练习要求运球者能给予抢球者以配合，让抢球者得到练习，速度可以由慢到中速循序进行。

5. 铲球练习

一人一球，球放在前面某一位置，练习者选择适当的位置站立，原地蹬出

做铲球练习，体会和学会铲球技术动作。当基本掌握铲球动作后，练习者可将球沿地面缓慢抛出，自己追球将球铲掉，以体会如何对滚动的球实施铲球动作。当能较熟练地掌握铲球运作后，再以上述方法进行铲控、铲传的练习。

一人直线运球前进，另一人由后追赶至适当位置抓住时机进行铲球练习，要求运球者给予适当的配合，使铲球者能在对手运球过程中体会铲球的实施。同时这种方法也可以不规定必须铲球，要让抢球者选择合理冲撞、铲球等方法进行。

七、传球技术

足球中最重要的技能是步法和射门。传球是将球踢向自家球队，以便在拿到球后可以接球、破球或传下一个球。进攻技术是策划攻击、调整策略、检测攻击、攻击的必备工具，是比赛中应用最广泛的技术。在比赛中，连贯的传球、出色的传球、远传和快速盘带中的偷袭成为世界顶级球队的关键标志，创造了绝佳的射门机会。

（一）技术动作要领

掌握传球动作的技术结构，是学习和掌握传球动作的关键。传球技术一般由助跑、支撑脚站位、踢球腿摆动、脚触球和踢球后的随前动作等环节组成。传球动作的技术可以参考踢球技术的内容。

（二）应注意的问题

传球是足球技术中运动员需要掌握的最基本的技术。它是集体配合的基础，是完成战术配合、争取时间和空间、突破对手防线、创造射门时机的重要手段。在传球时要注意以下几点。

第一，传球应尽量快速、简练。

第二，后场尽量少做横回传，特别是在风雨天更应该注意。

第三，传球前要注意观察周围情况，正确预见同队队员和防守队员的意图。

第四，传球时要隐藏自己的意图。

（三）练习方法

1. 原地模仿练习

①学生在原地做大腿带动小腿摆腿踢球的模仿练习，再过渡到向前跨一步模仿踢球练习。

②学生两人一组，一人踩球，一人做踢球时跨步、支撑、摆腿、击球的动作练习。

2. 单人原地传球

每人一球，面向足球墙连续踢定位球，距离与力量逐渐加大。

3. 两人传球练习方法

（1）斜传直插传球练习

练习者A、B相距8～10米，A直插接B的斜传球，然后A再斜传，由B直插接球（图3-8）。

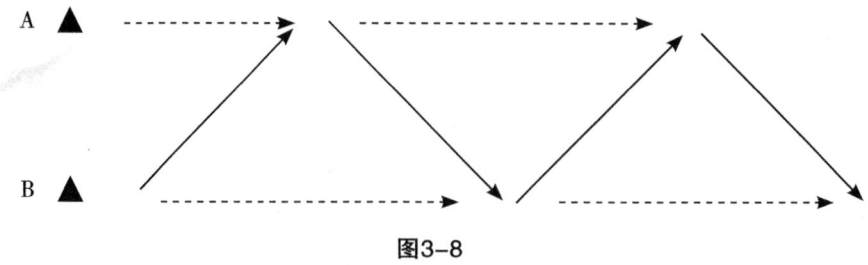

图3-8

（2）直传斜插传球练习

练习者A、B相距8～10米，B斜插接A的直传，A传球后快速斜插，接B的横传球，再重复以上的练习（图3-9）。

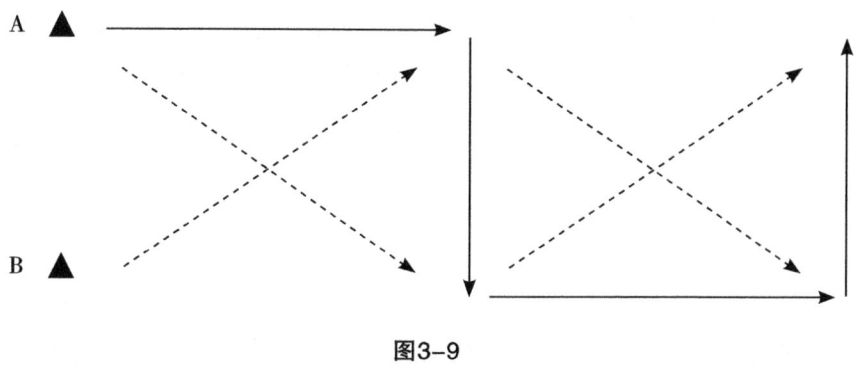

图3-9

4.3人传球练习方法

（1）练习者A、C相距20～30米，各持一球，B为中间接应人，A短传球给B，B接球回传给A，并返身接C的短传球，回传给C，依此重复练习。B可定时与A或C交换位置（图3-10）。

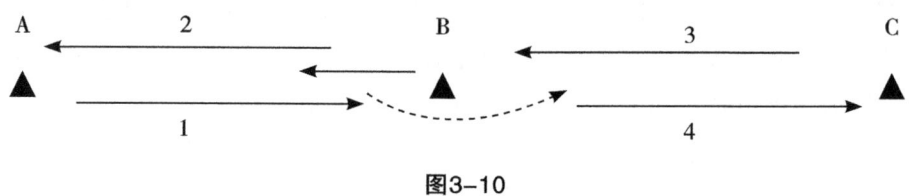

图3-10

（2）练习者A、C相距25～30米，B为中间接应人，A长传球给C，C不停球传给迎上接应的B，B再回传给C，C再长传球给A，A传球给B，B再回传给A，依此重复练习。B可定时与A或C交换位置（图3-11）。

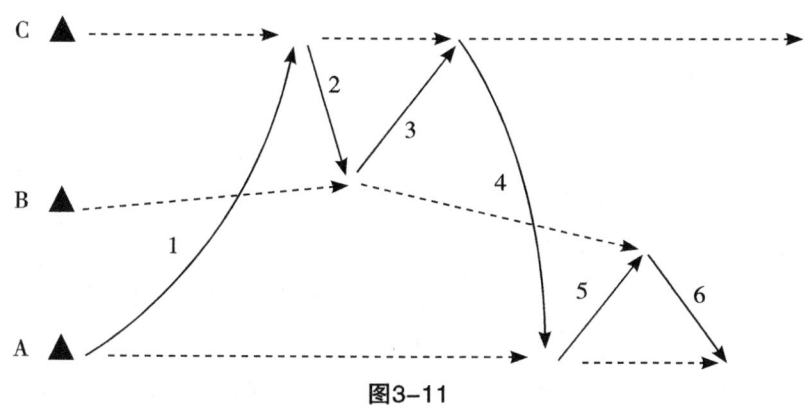

图3-11

（3）练习者A、C相距25~30米，B为中间接应人，A长传球给C，B上前接C的短传球，并带球前进与C交换位置，B运球到位后再长传球给另一侧的A，同时C快速向A处靠拢接应，依此重复进行练习（图3–12）。

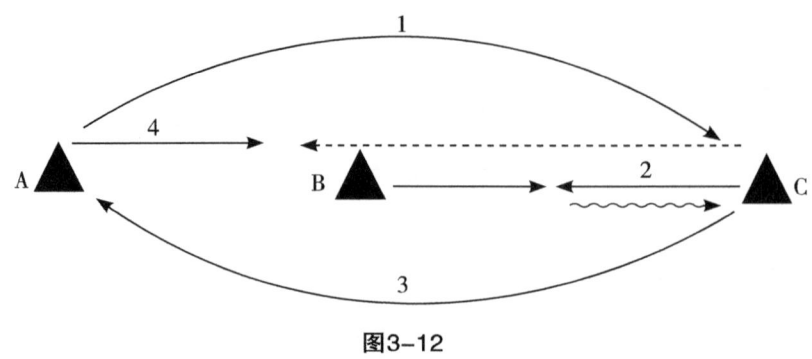

图3–12

5. 多人传球综合练习

队员分成两组，相距25 ~ 30米，A长传球给B，传后前插接B的回传球，B传球后快速插上接A的横传球，B接球后再传给C。A传球后跑步到对面的位置，B传球后跑步到对面的位置，依此重复练习（图3–13）。

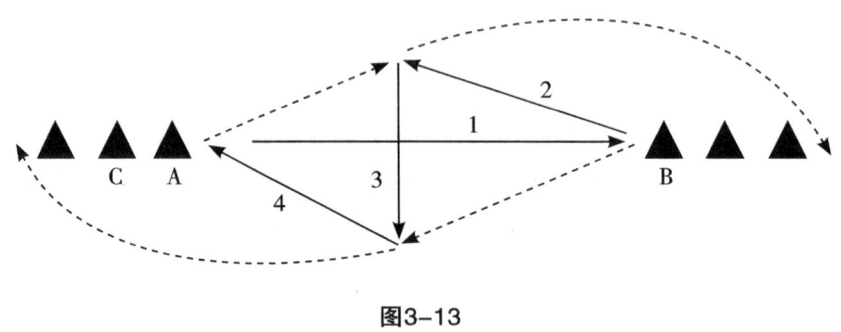

图3–13

6. 其他练习

（1）两人一组远距离定点传球接球练习。

（2）两人一组远距离活动中传接球练习。

（3）三人一组进行接球转身练习。三人相距10米成三角形站立。一人接另一人各种传球后转身传给第三人，再返回原位置，循环练习。

（4）一人跑动接多人多点传球练习。无球跑动，用胸部，大腿或脚内侧

部位接多人不同位置传来的球后再回传，继续跑动，循环练习。

八、接球技术

接球是指运动员有目的地用身体合理部位把各种运行中的来球停接在自己的控制范围之内，以便更好地衔接传球、运球或射门。接球是为下一个技术动作服务的，接球的质量直接影响下一个动作的完成。比赛中来球性质、状态不同，所以接球应根据不同情况，采用不同的动作方法。

接球的方法：脚内侧接球、脚背内侧接球、脚背外侧接球、正脚背停接球、脚底接球、大腿接球、胸部接球。根据球的活动状态，可分为接地滚球、接反弹球和接空中球。接球技术动作结构是由以下四个环节组成。

（1）观察和移动：为了更好地完成接球动作，要注意观察并判断来球的情况，使自己能处于做接球动作时所需要的最佳位置。

（2）选择接球的部位和接球方法：根据来球以及临场情况和下一步动作的需要，合理选择接球的部位与接球方法。

（3）缓冲来球力量和改变来球方向：根据来球力量大小和接球实际需要，可采取加力或减力（缓冲）以及不同接球的部位，来改变来球的力量和方向。

（4）接球后快速跟随移动：身体随接球动作迅速移动，紧密衔接下一个动作。

（一）技术动作要领

1.胸部接球技术

（1）挺胸式接球动作要领

面对来球站立（两脚左右或前后开立均可），两膝微屈，身体放松，上体后仰，两臂自然张开，下颌微收，在接触球的瞬间，两脚蹬地，膝关节伸直，用胸部轻托球的下部使球微微弹起。

（2）收胸式接球动作要领

面对来球站立，上体放松，两臂自然张开，挺胸迎球，胸部对准来球，触球时胸部回收，同时腹、臀部后移将球接在体前。如需将球接在体侧时，则触球瞬间转体将球接在转体后相应的一侧。

2. 脚内侧接球技术

（1）脚内侧接地滚球动作要领

面对来球方向站立，支撑脚的脚尖正对来球方向，膝关节微屈，目视来球，接球腿提膝的同时大腿外展，脚尖稍翘起，脚面正对来球方向，脚底基本与地面平行，接球腿前迎，在触球瞬间迅速后撤，将球停在脚下。

（2）脚内侧接空中球动作要领

判断好来球速度及运行轨迹，调整站位，上体自然放松，支撑腿膝关节微屈，接球腿大腿抬起，脚尖上翘，以膝关节为轴向来球方向摆动，用脚内侧部位触球，同时后撤，将球停在所需要位置。

（3）脚内侧接反弹球动作要领

面对来球站立，支撑腿膝关节微屈，身体向触球腿方向偏移。接球时，接球腿提起，小腿放松，脚尖稍翘起，当球反弹离开地面时，大腿带动小腿向前摆动，用脚内侧部位轻推球的中上部，将球停在控制范围内。

3. 脚底接球技术

（1）脚底接地滚球的动作要领

身体正对来球方向，支撑脚膝关节微屈，脚尖正对来球方向，接球腿提起，脚尖上翘，用脚掌接触球的上部将球停住。

（2）脚底接反弹球的动作要领

支撑脚站在落点侧后方，脚尖正对来球方向，当球落地瞬间，接球腿膝关节微屈，用前脚掌去触球的中上部，将球停在脚下。

4. 大腿接球技术

大腿接球的动作要领：面对来球方向，移动身体快速到位，接球腿大腿抬起，当大腿正面与球接触瞬间，迅速下撤将球停在脚下。

5. 脚背正面接球技术

脚背正面接球的动作要领：根据球的落点，及时移动到位，脚背正面上迎下落的球，当球与脚面接触的瞬间，接球脚与下落的球同步下撤，将球停在脚下。

（二）应注意的问题

1. 胸部接球

胸部接球在比赛中的应用比较广泛，由于接触面大而易于控球，是处理高空球的主要停球部位。

胸部接球应注意的问题如下。

（1）挺胸式接球后球距身体很远

原因：跑动不到位，挺胸仰角不够，身体太紧张。

纠正方法：认真体会动作要领，可自抛自停练习。

（2）收胸式接球不能将球停在脚下

原因：没有收胸，落点判断不准。

纠正方法：在教师或同伴的引导或辅助下，仔细体会要领，着重解决触球瞬间收胸动作环节。

（3）不同的接球方法使用不当

纠正方法：用收胸式接平直球，用挺胸式接高抛物线球，大腿和脚适用接腰以下来球。

2. 脚内侧接球技术

脚内侧接球是足球比赛中最常用的接球技术，主要使用在对低平球和地滚球等的处理上。脚内侧俗称脚弓，由于脚触球面积大，动作简单，较易掌握，所以应用广泛。由于身体合理停球部位较多，所以在实战中应采取合适的脚法，而不是用习惯脚法去勉强使用，比如该用脚内侧停球时就不能用大腿或胸部接球。

脚内侧接球应注意的问题如下。

（1）漏球或触球后球弹出很远

原因：接球脚距地面较高，接球时肌肉紧张，没能迅速后撤。

纠正方法：利用踢墙反弹球或两人配合练习，认真体会动作要领，解决关键环节问题。

（2）停空中球动作生硬，效果不好

原因：屈膝外转不够，柔韧性差；接球时小腿不放松或触球部位不准确。

纠正方法：加强柔韧性，协调性练习，利用接抛球或接踢球练习，主要体会触球瞬间要领，反复练习。

（3）接反弹球时球触脚后弹离地面很高，不易控制

原因：接球时机不对或接球角度不合适。

纠正方法：二人配合进行抛停练习，体会正确要领。

3. 脚底接球技术

脚底接球技术简单、易操作，同时易于将球接到位置，常用来接正面地滚球或反弹球。

脚底接球应注意的问题如下。

（1）漏球

原因：接球脚离地面太高或没有正对来球方向接球。

纠正方法：正对来球方向，接球脚放松，利用同伴传球或借助足球墙反复练习。

（2）接反弹球控制不好

原因：接球时机判断不准或肌肉紧张。

纠正方法：通过自抛或同伴抛球来练习接反弹球，注意关键环节的掌握。

4. 大腿接球技术

由于大腿面积较大，易于控球，应用广泛。大腿接球主要适用于接抛物线较大的高空球和略高于膝的低平球。

大腿接球应注意的问题如下。

（1）接高空球时球弹离腿面较高

原因：缓冲问题解决不好。

纠正方法：面对来球，触球瞬间，大腿下撤缓冲，同时支撑腿膝关节要屈，自抛球或与同伴配合反复练习，体会正确动作要领。

（2）接低平球时，球弹离身体较远，不易控球

原因：没有正对来球方向或没用大腿正面接球；支撑腿没有屈，接球腿触球后没有下撤。

纠正方法：利用同伴配合反复体会动作。

（三）练习方法

1. 利用足球墙进行练习

①接地滚球练习

先在原地向足球墙踢地滚球练习各种方法接地滚球，开始时力量可稍小，在原地练习接球；熟练后力量增大，然后在原地或活动中练习接地滚球。

②接反弹球练习

利用脚踢球或手抛球产生反弹球后用各种方法练习接反弹球，熟练后可加大难度。

③抛反弹球练习胸部停球。

④用脚将球踢高，然后进行接空中球或反弹球，也可以用手抛球练习。

2. 两人一组手抛球，练习各种接球方法

两人对面站立相距5米左右，一人抛球，一人接各种空中球的练习。根据抛球力量、速度、抛物线大小来练习脚内侧、大腿、胸部等部位的接球练习。

3. 两人一组近距离原地练习

一传一停进行地滚球或反弹球练习。

4. 有对抗接球练习

二人一组争接各种传球进行控球练习，反复做。

5. 争接球后结合射门练习

一人接球控球后，另一人防守，进行射门练习。

第三节　足球运动中的守门员技术

在足球比赛中，守门员是唯一能用手触球的球员，但他只能在本方罚球区内用手触球，否则会被视为犯规。守门员比赛的服装必须与己方球员的不同，

以便于分辨身份。一名出色的守门员必须有高大的身材，敏捷的身手，良好的弹跳力、判断力，迅速的反应力，并具备守门员的各项扑救球的技术。

一、守门员的技术动作分析

（一）选位

动作要领：对方射门时，守门员一般应站在射门点与两门柱形成角的平分线上，当对方队员运球逼近或近射时，守门员应及时出击前迎，以便缩小射门角度或扑脚下球。当对方远射时，可适当靠前站，但要防备对方吊射。当球推进到中前场时，守门员可前移到罚球点球点附近。在保证能够及时回位的情况下尽量扩大活动范围。

（二）准备姿势

动作要领：两脚左右分开与肩同宽，两膝弯曲，脚跟稍提起，身体重心放在两脚掌上，上体稍前倾。

（三）移动

动作要领：为了更好地截获和接住对方的传球和射门，守门员必须根据球和人的位置变化而随时调整自己的位置。可采用向左右移动调整位置，向左右移动时一般采用侧滑步和交叉步两种步法。

1. 侧滑步

向左（右）侧滑步时，先用右（左）脚向右（左）用力蹬地，同时左（右）脚稍离地面向左（右）滑步，右（左）脚快速跟上，并立即成准备姿势，眼睛注视来球。

2. 交叉步

向左（右）侧做交叉步时，身体先向左（右）侧倾斜，同时右（左）脚

向右（左）用力蹬地，并快速向左（右）前方跨出一步，成交叉步，接着左（右）脚向左（右）侧移动，并蹬地跃出。

（四）接球

1. 接地滚球

接地滚球有直腿式和单腿跪撑式两种方法。

直腿式接球时，两腿直膝自然并立，上体前屈，两臂自然下垂并肘，两手小指靠近，掌心向前。在手指触球的一刹那，随球后引并屈肘、屈腕，将球抱于胸前。

单腿跪撑式接地滚球时，身体正对来球方向，两脚左右开立，一腿屈膝，另一腿内转跪撑，膝关节接近地面并靠近屈膝的脚跟，两手随球后撤并屈肘，屈腕将球抱于胸。

2. 接平直球

平直球又分为低于胸部和齐胸高两种。

接低于胸部的平直球时，首先脚步移动使身体正对来球方向，两脚左右开立，上体稍前倾，两臂并肘前伸，两手小指相靠，手掌对球。当手触球的一刹那，两臂随球后撤并屈肘，顺势将球抱于胸前。

接齐胸高的平直球时，先脚步移动使身体正对来球方向，两脚左右开立，两臂屈肘，手指微屈向上，手掌对球，两拇指相靠。当手触球的一刹那，手指、手腕适当用力，随球顺势屈臂后撤，转腕将球抱于胸前。

3. 接高球

接高空球有原地接胸以上高度球和单脚或双脚跳起接球形式。

（1）原地接球

两臂上伸引球，两手大拇指相靠成"八"字形（图3-14），当手触球时手指和手腕适当用力并转腕，将球收抱于胸前。

（2）单脚跳起接球

当手触球的一刹那，手指、手腕适当用力将球

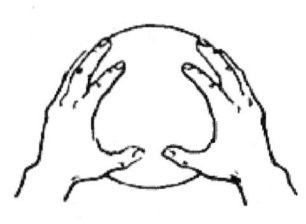

图3-14

83

接住，并顺势屈肘，下引，转腕将球抱于胸前。这一接球形式多表现于出击场面之中，成功的关键因素在于及时到达选择的接球点。

（五）扑球

扑接球是守门员在移动接球来不及的情况下所采用的一种救球形式，它也是守门员技术中难度较大的动作。

1. 扑两侧的低球

动作要领：扑接左侧低球时，右脚迅速蹬地，左腿屈膝向左侧跨出一步，身体向左侧倾倒，左脚着地后，随之小腿、大腿、臀部、上体和手臂的外侧依次着地，同时两臂向球伸出，左手掌心正对来球方向，右手在左手前侧上方，两拇指靠近，手腕稍向里弯，触球后把球收回胸前，然后站起。反之亦然。

2. 鱼跃扑地滚球

动作要领：扑球时，屈膝降低重心，在身体向扑球方向侧倒的同时，同侧脚用力蹬地跃出，空中展体，两臂向球伸出，两拇指相对，手掌对球。手触球时，手指和手腕用力，以屈肘、扣腕的连续动作将球抱于胸前，同时屈膝团体。落地时以两手按球，前臂、肘、肩部、上体侧面、臀部、大腿、小腿依次着地。

3. 扑接侧面平高球

动作要领：身体重心移向靠近来球一侧的脚上，该脚用力蹬地向侧面跃出，身体展开，两臂向球伸出，两拇指靠近，手指自然张开，手掌对球。当手触到球时，以扣腕动作将球接住。落地时，两手按球，前臂、肘、肩部、上体侧面和下肢依次着地，同时屈肘、转腕将球抱于胸前，并屈膝团体。

4. 扑接脚下球

动作要领：当对方带球逼近球门或近球门处接球准备射门时，守门员应果断前迎，缩小对方射门角度。守门员在对方运控球时脚刚推拨球后，立即出击扑脚下球。扑球时两腿弯曲，重心降低，上身前倾，后脚用力蹬地，前脚屈膝向前跨出，使身体向侧或侧前倾倒，两臂向球伸出，两手靠近，手指自然分开

接球。身体侧面着地，并屈腿团体，将球抱在胸前。

（六）托球

托球是应对弧度较大且接近球门横梁的来球或力量大、角度刁的射门的球，守门员接球把握不大或无法直接接到球时也可使用托球技术。

动作要领：起跳展体成弓背，单臂快速伸出，掌心向球，用手掌前部和手指用力向后上方或侧面托球，使球越过横梁或门柱。

（七）拳击球

动作要领：当球门前出现高空球，并有对方队员争顶时，守门员为了避免接球脱手，可采用拳击球。拳击球一般可分为单拳击球和双拳击球两种方法。

单拳击球时，先判断球的运行路线并确定击球点，助跑单脚起跳，屈肘握拳于肩前，击球前的一刹那，快速出拳，以拳面击球。

双拳击球时，判断来球并起跳，两臂屈肘握拳于胸前，两拳靠拢，拳心相对。

在起跳接近最高触球点的一刹那，两拳同时快速出击，以两拳拳面将球击出。该动作接触球面积较大，准确性高，击球有力，多用于击正面球或高空球。

（八）掷球

守门员接球后，为了争取时间组织反击，常用手把球掷给同队队员。掷球动作快，便于改变方向，能较准确地控制球的落点。

1. 手掷球

单手肩上掷球时，两脚前后屈膝开立，单手持球于肩上，身体侧转。利用后脚蹬地转体、挥臂、甩腕的力量将球掷出。

单手低手掷球时，两脚前后屈膝开立，单手持球于体侧。掷球时，持球手臂后摆，身体随之侧转成侧前屈，重心移到后脚上，利用后脚蹬地、挥臂、甩腕、手指拨球的力量向前掷出地滚球。

侧身勾手掷球时，两脚前后开立，身体侧对出球方向，单手持球后引，同时重心移至前脚。当持球手臂由后经体侧沿弧线摆至肩上时，手腕和手指用力将球掷出，掷球手臂继续前摆，上身前倾，后脚向前迈出，以保持身体平衡。勾手掷球是掷球中力量最大的一种方法。

2. 脚踢球

脚踢球具有出球远的特点，目前大多数守门员可以将球踢至对方罚球区前沿的位置。这种发球常使用于发动快速反击、本方争抢空中球能力较强、本方中后场组织进攻力量较弱以及风沙天气等特定的条件或战术形势下。

（1）踢凌空球

这种踢球是不等球落地用脚背正面将球击出，它多用于踢远距离或在雨天和场地泥泞时使用。

（2）踢反弹球

这种踢球是在体前抵抛球，球落地后反弹起来的刹那将球踢出的一种形式。它比凌空球准确性高，另外由于抛物线小，也更易于同伴接球。

二、守门员的技术动作练习方法

（一）技术练习要求

（1）动作认真、注意细节、严格要求、全力以赴、勇猛、顽强、自信、果断。

（2）在技术练习手段上力求多样化，注重实战能力训练，提高观察、判断、反应、指挥等各种能力培养。

（3）守门员的专项特殊性，决定了其训练极为艰苦，特别是一些扑接球训练。因此，在做这些练习时，应注意培养其坚韧不拔、勇敢顽强的精神。

（二）移动技术练习

1. 原地及行进中碎步跑练习

原地碎步跑每5秒一次，可根据自己的身体状况适当延长时间，可以增

加到8秒或10秒一次。每次的间隙时间应在15秒左右。行进间的碎步跑可在10~15米的距离上进行。

2. 球门区前后移动练习

守门员站在球门线上，听口令向前冲刺跑，脚踩到球门区前沿线即采用后退跑。根据守门员的体能水平，适当安排来回跑的次数及组数。

3. 原地跳起触摸横梁练习

根据守门员的体能水平，适当安排次数及组数。方法：回跑跳起触摸横梁。守门员站在球门区前沿线上，不限回跑的姿势触摸球门横梁。

4. 结合球的回位练习

守门员背向球门站在球门线上，教练员向球门抛出有一定弧度的球，守门员回跑，可根据球的速度和线路采取拳击球、托球或直接控制住球的方法练习。

5. 其他练习

（1）球门立柱之间来回侧滑步跑、交叉步跑。

（2）对方队员带球进攻，守门员向前移动扑单刀球。进攻队员应积极应对守门员扑球动作。

（3）进攻队员带球到罚球区射门。守门员前移做封堵射门角度练习。

（三）接球练习

接队友抛来或踢来的各种地滚球、平直球和高空球。

（1）开始可接距离较近、力量较小的球，距离一般在5米，注意体会接球时的动作要领。

（2）逐步过渡到距离较远，力量较大的球，距离一般在10~20米。

（3）接自己对墙掷或踢出的反弹球。

（4）守门员面对距离2~3米的墙站立，抛球者站在守门员身后对墙抛球，守门员接反弹回来的球。可根据守门员的训练水平，调整站位距离的远近，抛各种不同方向的球，抛球的力量逐渐加大、速度加快。

（5）在移动中接队友踢来的各种不同方向的球。如原地接地滚球、移动中接地滚球、移动中接中空球、移动中接高空球。

（四）扑球练习

（1）双手举球跪在地上，然后腿、上体、手臂依次倒地，做扑地滚球的模仿练习。

（2）在海绵垫、沙坑或草地上练习扑接同伴的手抛球。

（3）两脚屈膝左右开立，上体稍前倾，双手举球倒地，做扑地滚球模仿练习。

（4）准备姿势站立，扑接侧面踢来的地滚球。踢球的力度由小到大，球的速度由慢到快。

（5）准备姿势站立，扑接由侧面抛来的平球、高球。

（五）拳击球和托球练习

（1）原地拳击球和托球练习。

（2）助跑起跳，单、双拳击吊球练习。

（3）队友抛或踢高球，守门员起跳拳击球、托球练习。

（4）掷界外球时，守门员在人丛中练习拳击球或托球。

（5）踢角球、任意球时，守门员在人丛中练习拳击球或托球。

第四章 足球训练理论与战术分析

运动训练理论植根于运动训练实践，全球性竞技体育水平的不断提高，大大促进了运动训练实践的发展，运动训练理论也从最初一些零散的理论研究向系统化、集成化的方向不断发展。足球战术训练历来是教练员深感头痛的内容，常常是花了不少功夫却收效甚微。

第一节　运动训练理论与校园足球训练

在体育教育领域，高校足球训练是提升学生竞技水平、培养学生团队协作精神的重要一环。而运动训练理论作为指导体育训练实践的科学依据，为足球训练的有序开展提供了系统思路与方法。传统的足球训练，更多依赖经验指导，缺乏科学理论的系统支撑，导致训练效果参差不齐。将运动训练理论融入高校足球训练，不仅能提升训练的科学性和系统性，避免学生受伤，更能激发学生潜能，助力学生掌握专业足球技能。

一、运动训练释义

自从有了运动训练活动，出现了零散的运动训练理论，对运动训练本质的认识就一刻都没有停止过。随着人们对运动训练实践活动认识水平的深入，运动训练的内涵得到了充分的挖掘。国内外众多体育专家和学者都尝试着从不同角度出发对运动训练这一实践活动进行界定，给出了具有不同侧重点的定义，对运动训练实践起了很大的促进作用。通过总结前人的研究成果，我们认为，运动训练是竞技体育活动的重要组成部分，是在运动训练团队成员的积极参与下，为提高运动员的竞技能力和运动成绩，专门组织的有计划的体育活动。

运动训练活动旨在提高运动员的体能和运动表现。运动训练的主要目的是提高运动员的运动能力，然后将通过参加体育比赛获得的身体技能转化为运动能力。

教练员和运动员是体育教育活动的组成部分，教练员是体育教育活动的设计者、协调者和教师。运动员不仅要在教练员的指导下训练，而且要积极配合教练员，与教练员一起计划和协调训练活动，密切监控训练过程。与此同时，训练管理人员、科学家和医生也应积极参与体育训练。

提高运动员的竞争力和成功是有具体规则的。运动训练只有遵循训练规律，科学设计和实施运动训练方案，才能取得成功。

二、运动训练的目的任务

运动训练目的是不断提高运动技术水平，创造优异的运动成绩，为国争光，为实现四个现代化服务。

运动训练的任务是：

（1）增进运动员的健康水平，改善身体形态，不断提高有机体的机能能力，发展一般和专项素质。

（2）使运动员掌握和提高专项运动的理论知识、技术、战术，达到纯熟的程度，并能在比赛中运用和发挥。

（3）使运动员掌握进行专项运动训练的组织、指导工作的基本知识和技能，培养运动员能独立地进行自我训练的能力。

（4）对运动员进行思想政治教育，培养他们的高尚道德、优良的作风和顽强的意志品质。

上述四条任务之间是紧密联系、不可分割的，在运动训练过程中必须全面贯彻完成。

由于训练的对象条件不同，运动训练各个时期、阶段的特点和需要解决的问题也不一样，因而贯彻这四条任务时要紧密结合训练实际情况，可对其中某一方面的任务有所侧重，或提出相应的不同的具体要求，但就训练的全过程来说，完成这些任务不应偏废。

三、现代运动训练的原则

（一）自觉的积极性原则

自觉的积极性原则是设计训练计划以时刻激励运动员训练的训练原则。运动员必须从训练开始就进行系统和持续的训练，直到他们表现出出色的运动能力，并且在运动生涯后期仍需保持状态并力求突破。这一原则基于条件反射学说，随着时间推移神经连接增多，动作技能可更有效地传递。

这一原则是从体育教育的整体理论与实践中总结而来的。其核心在于：在体育教育体系中，需引导运动员明确参与训练的目的，促使其主动自觉地投入训练，在过程中独立思考、创造性地完成练习。自觉是知识和思想的要求，是对认识和行动的要求。两者之间的联系：自觉是积极的基础，积极是自觉的外在表现。

积极性的程度取决于注意力和知识水平的强度。运动员明确训练的目的，增加参与训练的知识，努力工作，结合自己的努力和愿望，在所从事和创新的运动项目中争取高质量的成绩。只有这样，才能达到运动训练的目的。

（二）专项训练原则

推进专项训练原则是专项训练的深度连续性和教育过程的系统化原则。综合专项训练原则肯定了全纳教育的重要性，强调了专项训练的重要作用。一般健身是健身中使用的练习和训练技术的结合，以提高运动员的运动技能，提高运动的整体质量，提高柔韧性，提高运动和感知能力，从而获得一些知识并提高心理品质。为了提高某项特定运动所需的各种技能，发展一项特定的运动，专门训练就是在运动过程中进行生理、生物、体能输送的特定动作。获取运动健身知识、运动特定技能、战术和概念以及运动特定表现所需的心理健康的过程。

推进专项训练的原则体现在教育内容、工具和方法的设计和组织上，教育内容和方法必须符合具体竞赛的要求。深度专项训练的原则体现在教育内容、工具和方法的设计组织上。

（三）系统不间断性原则

系统不间断性原则是系统地、持续地、循序渐进地组织训练过程的训练原则。运动训练是一个多层次、多因素、结构复杂的"人造复合系统"，从纵向看，一个优秀运动员的成长过程大体为四个阶段：基础训练阶段、专项提高阶段、最佳竞技阶段、高水平保持阶段。各个阶段依次相关、有机衔接。运动员通过这些阶段的持续直至终结运动寿命。从横向看，寓于这一过程的诸多因素互为影响且具有明显的时序性，如训练计划、训练实施、训练监督、训练收编等环节。其中，每一个环节的内容又具有明显的层次性、系统性。因此，在训练过程中，我们需要不间断地训练。在训练内容的安排上，须注意内容的层次性。

（四）定期训练原则

定期训练原则是一项体育训练项目的具体内容，重大赛事的组织、训练的训练原则，符合参赛国家的暴露特点。这一原则侧重于训练计划的定期改进、竞争环境的持续改善以及训练期间的组织。

（五）适宜负荷训练原则

适宜负荷训练原则是根据运动员现实可能和机能训练的适应规律，以及提高运动员竞技能力的需要，在训练中给予适宜量度的负荷，以取得理想训练效果的训练原则。运动员在训练中承受一定运动负荷后，必然会产生相应的训练效应。但并非只要施加负荷，就一定会产生良好的训练效应。因此，合理安排训练负荷意义重大。

训练负荷的优化基本上是指根据人的生理适应规律，根据训练任务和产品的水平，逐步、暂时地将运动负荷增加到最大的能力。这里所说的"渐进、有节奏"，就是按照"增量—适应—再增加—再适应"的规律来调节运动负荷来锻炼。负荷的适度和逐渐增加是现代体育科学备战的主要趋势之一。事实上，

负荷的增加是在一定的生理变化范围内根据人体生理适应规律进行的。因此，不应盲目增加负荷。

（六）适时恢复训练原则

适时恢复训练的原理旨在依据不同疲劳诱发负荷的性质与机制，在恰当时间通过延长恢复过程来消除训练中的疲劳。从而提高身体素质。这一原则强调，当运动员的疲劳达到一定阈值时，应根据综合训练计划采取有效的补救措施，及时规划恢复所需的训练，使运动员的体能迅速恢复，使其功能全面恢复。

负荷训练和恢复训练的单一规则意味着在训练过程中，装载和修复两个不同的层次客观并存。压力导致疲劳的规律意味着非常急性或慢性的压力不可避免地会导致身体产生适当程度的疲劳。体能下降和改善的时间曲线是不同的，负载参数恢复方法中的一致性规则意味着负载参数与负载参数恢复方法之间存在密切的关系。了解这些规则对于延缓疲劳的发生、增强功能恢复和减少生理疲劳非常重要。

（七）不同训练方式的原则

不同训练方式的原则是根据参加训练的运动员的个体情况确定训练任务、选择训练方法和技术、确定运动负荷。涉及的运动员的个人特征包括年龄、性别、行为、身体素质、表现水平、技术状态、心理素质、承受负荷的能力等因素。

四、校园足球训练

足球教练员对球员进行训练的根本目的就是帮助球员学习、提高和巩固技术或战术，所以教练员需要了解球员学习技术与战术的方式与方法。虽然足球技战术的学习具有一定项目特点，但是大致上遵循教育学的基本原则。图4-1为实施训练的基本步骤。基本步骤对运用顺序没有严格的要求，应当结合学习的效果灵活安排。

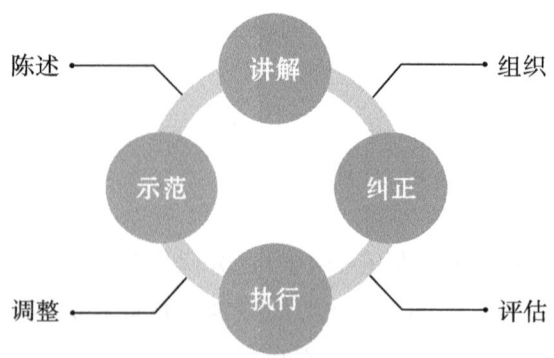

图4-1 实施训练的基本步骤

教练员在思考如何进行一堂训练课之前必须考虑以下四个关键问题。

（1）目的和内容：做什么。

（2）结构和步骤：怎么做。

（3）位置和场地区域：何地做。

（4）计划和时机：何时做。

训练的过程实际是球员对一项技术或战术的掌握水平经历"知道、行动、提高"的过程。先是对要训练的技术或战术有明确认知，知道"如何做""何时做""何地做"；接着是进行这项技术或战术的训练，在进行训练的过程中验证实际效果；最后通过球员的内部反馈（球员的自我评价）与教练员反馈，不断纠正这项技术或战术的错误，得到提高。

第二节　校园足球训练理论

校园足球训练理论的研究，对于提升训练质量、培养优秀足球人才、推动足球运动的发展，有着极为关键的作用。过去的足球训练理论相对单一，已难以适应现代足球高强度、快节奏的比赛需求。如今，多学科理论相互渗透，为足球训练理论带来全新视角。深入研究校园足球训练理论，不仅有助于教练制订科学合理的训练计划，更能帮助运动员挖掘自身潜力，在赛场上发挥出最佳水平。

一、校园足球队的组织和训练计划

（一）组织校园足球队

组织学校足球队的目的是贯彻落实党的教育事业，丰富和改善学校的文化生活，支持学校足球事业的发展，提高学生的体质和技术水平，同时也为体校和运动队输送资源力量。

学校足球训练的第一步是组建球队。无论是班级组、年级组，还是学校代表组，在选择组员时都要慎重考虑，选择的学生必须是全面发展、有前途、有良好意愿、品德和学业优秀的学生，才能成为积极进取的群体。

（二）制订训练计划的意义

为了有效地指导团队并快速全面地提高其机制、技能、身心素质和风格，必须有目的和有计划地进行。只有全面的训练计划才能提供系统的、循序渐进的训练，避免项目盲目性。训练计划能够帮助教练员和球员了解不同时间和阶段表现的关键方面，解决关键问题，全面规划和组织训练内容。

我们在制定政策时，要自觉地走民主路线，全力争取民主，兼顾人民的智慧，使政策更加符合实际，把培养目标讲清楚，团结一心。这有助于在训练期间建立团队成员的知识和动力。

（三）训练计划的种类

训练计划有多年训练计划、全年训练计划、阶段训练计划、周训练计划和课时训练计划等。

1. 多年训练计划

多年训练计划内容主要有：

（1）提出多年训练的目的和任务及要达到的指标；

（2）将多年训练计划划分为几个阶段，并提出各阶段的训练任务和重点；

（3）技术、战术、身体、心理训练总的要求，足球理论讲述的重点；

（4）各阶段、各时期训练内容纲要和所占的比重与时间。

2. 全年训练计划

应以全年训练计划为依据，把全年计划各方面的设想具体落实到全年的训练计划中。

主要内容有：

（1）本年度训练的目的、任务与指标；

（2）技术、战术、身体和心理训练的方法与要求，理论讲授大纲与内容；

（3）各时期的划分，各时期的训练任务、内容、重点、比重和措施；

（4）全年比赛安排等。

除了业务上的内容外，还要有思想政治工作的内容。

3. 阶段训练计划

根据全年训练计划的周期划分制订阶段训练计划。学校足球训练的周期，应以一个学期为一个周期，每一个周期就是一个完整的训练阶段。阶段训练计划的训练内容要用进度表的形式排列出来。

4. 周训练计划

根据阶段训练计划来制订，也就是把阶段训练计划更具体地落实到周训练计划之中。周训练计划是制订课时训练计划的主要依据。

周训练计划的要点如下。

（1）周目标：即本周针对的战术主题，通常一个防守主题加一个进攻主题是最合理和可行的；

（2）相关联的主题：为所选的两个主题分别安排三堂连续训练课，为达到学习效果安排合理的重复次数；

（3）相关联的战术内容：三堂连续训练课，通常按照从个人到小组到整体战术的逻辑顺序，顺序相反也可以；

（4）强度：三堂训练课中，应该有一个高于90%强度的顶级负荷，相关的比赛体能才能达到最佳水平；

（5）周末比赛：安排一场有一定强度的比赛或友谊赛，检验训练达到的效果。

5. 课时训练计划

课时训练计划就是教案，是根据周训练内容制订的。教案中要写明本课的任务，每个内容的练习方法、次数、教法、要求等。

二、校园足球训练课的准备与实施

训练课的准备与实施的要点如下。

（1）目标：对课堂目标的重要性明确、讲解清晰。

（2）内容：所有练习应具备关联性。

（3）打法：应结合实战及现阶段球队的表现。

（4）结构：课堂的组织和流程应清晰有逻辑。

（5）练习：所有练习和比赛的设置、变化和推进要清晰有逻辑。

（6）指导：明确预期学习效果的要点，所选练习和比赛的重要性，达到目标的具体方法。

（7）教学：明确重点，着重纠错，注重对球员的讲解。

（8）教案/报告：利用示意图，对比赛、训练进行简要、清晰的描述，加上向教练组传达指令的报告，通常是1~2页。

（9）时长：如90分钟，包括热身及放松（通常为60~120分钟）。

（10）作业：给单个球员或小组留一些课后作业（如针对特定问题的训练日记，准备特定主题的理论及功能性实践训练），进一步提高学习效果。

（11）数据库：汇编所有训练课，进行有效的评估和分析。

三、校园足球训练课的类型

可分为理论课和实践课。实践课又可分为体能训练课、技术训练课、战术课、综合课、比赛课等。

1. 体能训练课

本课程是一门综合性强、实践性强的课程，旨在通过有计划、有方法、系统的练习，提高人体的体能素质。其包括速度、敏捷性、柔韧性、力量、弹跳和耐力等方面。

2. 技术训练课

这种课是以技术练习为主的课程。

要求队员从一开始就掌握技术，这需要努力、勤奋和练习。此外，注重战术训练，逐步提高速度，加剧冲突。尽量结合实战机械动作，根据比赛要求进行学习，逐步加深和掌握技术动作的水平。只有这样，才能不断提高团队成员的技术水平和实践表现。守门技术可以单独完成，也可以与其他球员一起完成。

3. 战术课

课程的主要组成部分为技术技能，包括个人技能、小组配合技能、团队协作技能及综合技能组合。足球技术必须灵活并能适应对手的情况。要做到这一点，首先需要能够有效地使用个人的核心技能，其次需要能够正确地使用整个团队的技能。

为灵活运用各类专项技能，需通过长期强化训练，培养沉着应变、协同配合的能力。刚开始可以先在没有保护的情况下进行锻炼，然后逐渐过渡到和人一起被动防御，最后在对抗的情况下进行锻炼。只有这样，在暴力冲突中使用的战术才能在比赛中自由应用。

4. 综合课

这种课的基本内容不是单一的，其根据训练的不同要求，可有技术和战术，技术和身体训练，技术、战术、身体训练等综合内容。

5. 比赛课

课堂上主要是团队比赛和户外比赛。比赛必须有特定的任务和要求，可以是身体健康或有意的技术、技巧或风格。

以上课程类型可根据团体的具体情况和需要进行选择。

简而言之，需根据不同的任务和内容确定要学习的课程。然而，不同形式的训练是不同的，也是相互关联的。

四、校园足球训练指导纠正常用方法

在训练过程中教练员发现问题、需要纠正指导的时候，经常会用到"封冻""同步信息""快速信息""分解动作""慢动作"等方法。

1. 封冻

先要求球员马上停止，以突出要展示的关键点（包括错误和成功）。再进行重复演练，也可以提问球员什么是对的、什么是错的，以及如何做得更好。这项纠错指导多用于整体上出现严重错误的时候，但不宜频繁使用，否则会严重影响训练的连续性。

2. 同步信息

即根据执行的水平给出相应的反馈。训练时，同时面对场下的球员进行讲解，以立即产生学习效果。这项纠错指导多用于个人或小组，不会打断训练。

3. 快速信息

在两次练习的休息间隙或者球出界后给球员反馈，包括给出最重要的信息及积极的反馈，并对好的表现给予肯定。这项纠错指导多用于个人或小组，不打断训练，但是不适用于对较久前问题的纠正。

4. 分解动作

通过让球员进行一定的练习，逐步使球员理解和掌握某个要点。例如，可以将跑动路线和传球结合起来，使球员建立时机、速度和准确性的概念。

5. 慢动作

让练习的球员以较慢的速度重复练习，使其明确完成该练习的关键点。

五、校园足球教学训练中的注意事项

足球课程教学训练中应注意以下事项。

（1）激励教师和团队成员是教学过程中非常重要的课题。只有激发教与学的欲望，才能快速有效地完成工作。教师扮演着重要的角色，其优先事项应反映在激励和吸引学生上。只有教师发挥积极作用，学生自觉、积极地参与教育，才能有效地教与学。

（2）学生要对一个技术有正确的认识，掌握技术特性的基本原理，必须通过反复练习逐步了解，然后形成正确的方法。知觉也是由视觉和听觉形成的。教练通过适当的示范和简短的解释，让运动员对动作有一个清晰的认识，让他们了解动作的相关要素，然后通过实际练习逐步形成适当的动作的概念。

（3）为团队成员提供相对完整、系统的知识和技能。知识和技能有其自身的完整性和结构。训练必须按照特定的顺序进行，从简单到复杂，从次要到初级，从不冲突到冲突。运动量要适中，循序渐进。

（4）除个别化要求外的一般性原则。团队成员客观上存在年龄、技术水平、职责分工及层级角色的差异。因此，若要在训练中快速提升整体水平、增强集体效能，需兼顾统一要求与个性化指导。

（5）严格训练与管理要求。其核心在于提供高标准、高质量的训练与教育服务。具体体现为：办学理念严谨、班级纪律严明、协作机制严密、训练标准严格。对教育者而言，需做到严于律己、组织有序、备课充分，以"身教重于言教"的原则树立榜样。

（6）强调综合训练是达成高质量训练效果的重要手段，其依据源于国内外理论与实践的成功经验。

在规模化训练体系中，训练效果的五大构成要素为：课时数量、训练时长、运动强度、动作速度及练习质量。

逐步增大运动量，将程序与大、中、微运动相结合，同时加强医学监督。

（7）竞赛是教育顾问，足球更具竞争力。通过单独玩比赛，可以检验足球理论和训练的有效性，提升比赛体验，让队员掌握战术和战术实战技能。

第三节　足球运动要素及战术分析

足球是一项兼具竞技性与观赏性的运动，要真正领略其魅力，深入理解足球运动要素与战术必不可少。足球运动要素决定了球员个人技术发挥的水平，而精妙的战术安排则让球员间的配合更加默契，发挥出团队最大优势。在激烈

的比赛中，球队的胜负往往取决于对运动要素的把握，以及战术的灵活运用。对于教练和球员而言，对这些要素和战术进行透彻分析有助于制订针对性训练计划，提升实战能力。

一、足球运动的四大要素

足球是最具挑战性的运动之一，其训练体系由四大核心要素构成：技术、战术、体能、心理。四者相互关联、渗透、互补，若片面强调某一侧面或依赖单一优势，难以在传统竞技中取得理想成效。

技术是控制球的能力，也是足球的基础。每个队员只有在精通该技术的情况下才能自由使用该技术并在比赛中发挥他或她的潜在角色效能。

战术是为了赢得比赛，也可以称为战略。战术目标是充分利用队员的长处和对方的弱点，达到战胜对方的目的。

身体素质意味着控制身体并使运动员达到技术和技术水平。

心理训练是指精神控制。运动员的心态在比赛中非常重要，一个运动员没有崇高的理想和为国争光的信念，就不可能成为一名优秀的运动员，更不可能有勇气和毅力去打比赛。

二、足球战术的分类

足球战术是指比赛双方为了比赛的预期目的，根据主客观的情况由个人和集体所采用的手段和方法。

足球战术分为进攻战术和防守战术两大系统。进攻、防守战术又分为个人战术、局部战术和全队战术。此外，足球战术还包括阵型的变化。个人战术是指队员在比赛中为了战胜对手，完成全队战术配合而采用的个人行动和方法，如运球突破、跑位、盯人等。局部战术是指两个以上队员，局限在一定区域范围内的战术配合，如二过一、围抢等。全队战术是指在全队中几个位置之间采用的协同作战和配合方法，它常具有明确的位置分工和攻守方向，如边路进攻、中路进攻、区域防守等。以上三种战术间有密切的关系，个人战术是局部战术的基础，而局部战术是全队战术的基础，全队战术则是个人战术和局部战术的综合。

足球战术的分类如下所示。

$$
\text{足球战术}
\begin{cases}
\text{进攻}
\begin{cases}
\text{个人：传球、射门、运球、过人、接球、掷球、摆脱、跑位} \\
\text{局部：局部地区的二过一配合、三人配合等} \\
\text{全队：阵地、快反、边路、中路、转移} \\
\text{定位球：开球、角球、球门球、任意球、掷界外球、罚球点球}
\end{cases} \\
\text{阵型：4-2-4、4-3-3、4-4-2、3-5-2、5-3-2、4-5-1等} \\
\text{防守}
\begin{cases}
\text{个人：盯人、选位、抢截} \\
\text{局部：保护、补位、临近位置配合} \\
\text{全队：区域盯人、混合盯位等} \\
\text{定位球：开球、角球、球门球、任意球、掷界外球、罚球点球}
\end{cases}
\end{cases}
$$

（一）局部进攻战术

1. 传切配合

传切配合是指控球队员将球传给切入的进攻队员的配合方法，是局部进攻战术中运用最多的方法。传切配合的形式有局部传切配合和长传转移切入。

（1）局部传切配合。按传切的线路可分为直传斜切和斜传直切。

（2）长传转移切入。当进攻中一侧受阻时，将球长传转移到另一侧，切入队员得球后展开进攻。

2. 交叉掩护配合

交叉掩护配合是指在局部地区两名进攻队员在运球交叉换位时，以自己的身体掩护同伴越过防守队员的配合方法。

3. 二过一配合

二过一配合是指在局部地区两名进攻队员通过两次连续传球配合，越过一名防守队员的配合方法。根据传球和跑位的路线，二过一配合的形式有斜传直插二过一、直传斜插二过一、斜传斜插二过一、回传反切二过一。

（1）斜传直插二过一配合

当防守队员身后有一定空当，防守队员距插入队员较近时，采用此种二过一配合效果较好。

（2）直传斜插二过一配合

当防守队员身后有较大空当或防守队员移向接应队员时，采用此种二过一配合效果较好。直传球力量要适当。

（3）斜传斜插二过一配合（踢墙式二过一）

当防守队员身后空隙较小或采用连续二过一时，采用此种二过一配合效果较好。

（4）回传反切二过一配合

当接应队员与控球队员之间有一定的纵深距离，而且防守队员贴身逼抢时，可主动向后扯动，拉出空当，再采用此种二过一配合。

（二）局部防守战术

1. 保护

保护是为本队的队员提供心理和行为上的支持，使他们不会恐慌，并尽其所能压制对手。一旦控球队员传球，防守者可以及时封堵进攻线或重新获得控球权。如果压力队员赢得球权，防守者能够及时应对进攻。保护要求如下。

①保护队员与受压队员之间的距离应该是动态变化的，并且根据球场的不同而不同：后场区域3~5米，中前场区域4~8米……对于速度快的队员来说应该稍长一些。

②保护队员位置的选择必须根据球场的具体情况进行调整。如果搭档被外线挡住并推入，防守方必须选择内角，与搭档一起压制进攻。

③保护队员位置的选择应进行双向比较。需遵循"两防、一临时、全防、夹攻"策略："两防"指重点防御与机动防御结合，"一临时"为设置临时防御支点，"全防"强调整体防御覆盖，"夹攻"侧重利用位置形成夹击态势。第二道防线不仅要保护伙伴免受攻击，还要考虑对敌对群体成员的识别。在第二道和第三道防守中，主要目标是减缓敌人的进攻，让其他队员有时间返回防守。

④保护队员还应口头指示战友封锁和选择地点，同时告知战友自己的防御位置，使防守合作更加一致和有效。

2. 补位

补位是指防守队员弥补同伴在防守中出现的漏洞时所采取的相互协助的战术配合。在比赛中，通过同伴间的相互补位，可以有效地遏制和破坏对方的进攻行动，变被动为主动。

（1）当前卫或后卫队员插上进攻退守不及时，临近的队员应暂时弥补他的空位，以防对手利用这一空当进行快速反击。

（2）当同伴被突破后，保护队员要及时补位防守，将球夺回来或阻断其进攻路线。被突破的队员应立即后撤选择适当位置转化为保护队员。

（3）守门员出击时，后卫队员要及时回撤到球门线附近，弥补守门员的位置，防止守门员出击失误，对方突然射空门。

（三）整体进攻战术

1. 边路进攻

边路进攻一般是指进攻的最后阶段发生在前场罚球区线以外靠近边线区域的进攻。边路进攻的发起、推进通常有两种渠道：一是进攻过程始终沿边路而行；二是通过中路转移至边路。边路进攻的主要目的在于充分利用"宽度"原则，拉开防守面，削弱中路的防守力量，创造中路破门得分的有利战机。

（1）边锋在边路运球突破。

（2）边锋与中锋或前卫二过一配合。

（3）边锋与中锋交叉换位配合。

（4）前卫套边配合。

2. 中路进攻

中路进攻通常是指进攻最后阶段发生在前场中间区域的配合。

（1）运球突破中远距离施射，或利用个人娴熟控运技术突破后冷静射门。

（2）中场突破空间小、时间短，可在对方人缝中利用二过一配合或传切配合突破防守并射门。

（3）中锋与前卫或边锋利用斜向运球交叉换位，掩护同伴突破防守并射门。

（4）中锋回撤将对方中卫拉出来再反切接球突破射门。

（5）横扯插上配合，由中锋跑位扯动，拉开防守队员，制造出第二空当，前卫队员突然插上射门。

（6）头球摆渡配合，当地面配合难以突破对方防守时，可运用外线吊球，利用中路攻击手的身高和头球优势，争顶摆渡，边锋或前卫插上射门。

（7）任意球战术配合，以前场中路距门30米以内的任意球战术配合进攻。

（四）整体防守战术

1. 整体防守战术防守类型

（1）人盯人防守

人身保护是一种保护形式，除了自由队员外，每个队员都有一定的身份证明。这种打法的一个显着特点是，任何时间和地点在地面上对抗防守都会对每个进攻队员施加持续的压力。在自卫中应考虑以下要求。

①每个队员都需要有自己强大的战斗技巧。

②如果搭档出现人为盯防失误，附近的队员会根据场上的情况快速灵活地占据空间，从而保持防守的整体实力。

③每个后卫都需要身体健康。这是因为防守者必须不断地奔跑并在所有球场上施压。

（2）区域盯人防守

区域识别保护的基本价值是每个守卫占据一个活动区域。当攻击者进入安全区域时，区域守卫使用强大的人类识别方法来监控该区域内攻击者的所有积极行为。分区方法为每个防守者定义了具体的任务，但仍然需要同伴的配合，如果分区失败，附近的队员必须及时帮助，并且稍后必须联系违规的防守者改变位置，为了一般保护的利益。在各个站点的保护中要特别注意区域间关系的保护。由于缺乏安全性，入侵者通常可以利用这些区域间隙。

（3）混合防守

混合防守是一种防御比赛，结合了两种类型的保护和一个部分的保护。最重要的是，它能够适应对手的情况，充分利用人的识别和保护区，使球队的防守更加有效。在混合防守中，往往会选择体力和个人战斗力不错的球员来识别防守中的关键球员，其他球员使用相同的场地防守。

2. 整体防守打法

（1）向前逼压式打法

向前逼压式打法是放慢对手的进攻速度，而不是在丢球后转向被动防守。使用前向压缩模式及时将球拿回来并计划第二次进攻。此时，对方的防守最弱，我方球队的成功率更大。

（2）层次回撤打法

层次回撤打法不同于被动后卫或前推比赛。这是一场团队合作、循序渐进、有组织的防守比赛。第一个层次是在丢球后立即压迫离球最近的队员，阻挡最近球员的传球，延迟进攻并赢得时间。第二个层次是让其他球员迅速回到自己的位置，不仅要盯人，还要以球为目标。第三个层次是被动防守，即主动控球，由防守转化为进攻，投入稳定的防守。

（3）快速密集式防守

快速密集式防守是一种将防守空间最小化的防守形式，主力防守单元在球门前的危险位置加入，中场附近只剩下1～2名队员。主要特点是守卫人数多，差距有限，难以与入侵者合作。因此，打开攻击者的目标是比较困难的。但是，这种防守策略通常会影响对方球队从防守到进攻的速度，因此通常会使用这种防守比赛来对付更强大的对手。在从防守转移到进攻之后，尝试使用更长的路径来对抗进攻，并减少传中和反击。

三、比赛阵型

比赛阵型是指在比赛中队员的位置排列，是本队攻守力量搭配和职责分工的形式。

（一）阵型的演变

现代球队的结构随着足球的发展而变化。现代足球的发展已有100多年的历史，比赛的设计也发生了重大的变化。这主要是足球攻防紧张的激烈斗争和队员的普遍成熟，竞争力和规则不断更新的必然后果。

在现代足球中，没有技术水平，击球的方法是向前的，然后是击球或推进的区域，而时间规则有一个后卫和八前锋的体系，作为首发球员球前锋越位。

技术改进和越位规则的改变导致连续三后卫，七锋卫，四后卫和六锋卫。1884年，英国出现了一座攻防平衡的塔楼。40多年来，这座塔在足球界享有盛誉，是足球发展的主要因素。

实践证明，利用中场优势是改善比赛的关键。因此，从1980年至今，比赛计划的最大特点就是减少前锋的数量，增加中场或后卫的数量，如5-3-2、3-5-2、4-5-1、3-4-3。但无论他们引进什么样的体系，其核心都在围绕全面进攻和全面防御进行演进和深化。因此，比赛中使用的所有系统都有助于最大限度地发挥队员的综合实力和力量，从而形成适当的攻防比赛风格。

总之，100多年的足球发展史就是一部创造性进化史。其发展的基本规律是：攻守冲突是球队进化的关键、发展的原动力、球员竞争力的不断提升、体系的演进、发展的基础和实用性的规划技能。监管改革和法律的不断完善是演变和发展的主要动力。

（二）常见四种阵型的特点

1. 4-4-2阵型

（1）后场和中场均安排4名队员，不仅有利于巩固后防，力保不失球，而且有利于夺取中场主动权。两名前锋突破能力强，善于捕捉战机，通过积极跑位在中路和边路创造空当，利于组织和发动点多面广的进攻，使后卫、前卫的插上进攻具有突然性和隐蔽性。

（2）队员排列分布虽然攻少守多，但通过合理有序的组织、积极跑动，可以达到攻守力量的均衡。

（3）由于各队队员特点不同，因而位置排列上和具体攻守打法上也会有所不同。前锋主要有双中锋和一边锋一中锋两种排列。前卫有一字形排开或菱形排列两种，可分工为一名防守型前卫，一名进攻型前卫，两名边前卫。

2. 3-5-2阵型

（1）中场人数多，力量强，有利于夺取中场优势和比赛主动权。

（2）通过前锋和中场队员的逼迫式防守，既可减轻防守压力，又可在中前场抢截成功时发动反攻，威慑力和成功率高于后场发动的进攻。

（3）用3名后卫盯防两名前锋有人数优势，盯人后卫可实施紧逼盯人，自由后卫可保护补位并能有效控制门前危险区域。

（4）中场队员插上进攻点多面广，具有突然性和隐蔽性。对边前卫要求很高，集边锋、前卫、边后卫三位于一体。阵型变化主要是5名前卫的位置变动。

3. 3-4-3阵型

（1）攻守平衡，中场力量相对较强。

（2）安排3名前锋既加强进攻力量，又牵制对方边后卫的助攻。

（3）转入防守时，前场、中场兵多将广，有利于展开逼迫式防守，减轻后防压力。

（4）用3名后卫盯防两名前锋具有人数和心理优势，盯人后卫可紧逼盯人，自由后卫可保护补位并控制门前危险区域。

（5）攻守转换自然流畅，队员位置相对稳定，变化较小。

4. 4-5-1阵型

4-5-1阵型是相对侧重防守的阵型。

（1）4名后卫的主要职责是防守，帮助控制中场和助攻，较少进入前场或对方罚球区参与进攻。

（2）中场力量强，人数多，有利于夺取中场优势和主动权，可减轻后防压力。

（3）进攻力量较薄弱。进攻的效果一看反击，二看前卫的能力和变化，尤其是进攻型前卫和两边前卫的作用。

（4）进攻时，中前场空区较大，有利于组织快速反击和点多面广的进攻，使进攻更具突然性和隐蔽性。

四、足球比赛战术打法分析

足球战术是指在足球比赛过程中，为了战胜对手，根据实际情况所采用的比赛手段。在这一手段中，包括比赛的阵型、战术和打法。前面已经介绍了战术，下面就某种具体打法进行具体分析。

（一）快速反击进攻打法

发动快速反击的最佳时机有下列几种。

首先，在抢断或破坏对手的控球后，应立即启动反击。由于对方球队整体压上进攻，在球出手后的一段时间内很难形成有序的防守，此时还不如抵挡一下。尤其是在中、前场夺得控球权时，更使对手猝不及防。

其次，善用对方的传球失误，迅速展开否定论调。由于我方球员的强力干扰，对方被挤压得非常好，挡住了传球路线，不得不盲目地将球送到我方脚下。此时，趁机取球，快速出击，随机取胜。

最后，尽快利用包裹发动反击。

典型的分层攻击比赛——侧翼攻击。翼攻，顾名思义，就是对敌方半场两侧翼进行攻击。进攻方式是打开防守有利于进攻，边路有天然的漏洞。聪明的队员可以充分利用比赛规则来创造机会。在球门球、射门和罚球点球方面，趁对手退守不及时（尤其是在前场任意球不待对方排墙防守之前），即刻予以攻击，会收到事半攻倍之效。守门员很快就对挡住对手的射门和拦截球感到满意。当对手逼我们上场时，对手不断地丢球或从边线传球。当守门员断球时，若对方未及时回防至半场，则必须立即将球转移至对方半场。

（二）层次进攻打法

对各种边锋的攻击有几种形式。首先，边路传中——延长禁区端区与端区之间的区域，将球输送到球门前的球。其次，下底回扣——在球门前一侧垂直于门柱的点，从禁区跑到端柱的传球。最后，传中——与端区平行的延长罚球线，然后在边线后面的中线一侧掷球或切球。一种选择是从你的伙伴那里选择一条对角线或直线路径并穿过目标，另一种选择是在被敌方球击中后从内线射门。

1. 传中时机

首先，边路传球的时机非常重要，如果过早或过晚，都达不到预期的目的。这应该是对手转身和搭档跑到栅栏的最佳时机。当然，还要注意的是，球在转移过程中的速度比人快2.5~3倍。

其次，如果门将和其他防守球员的距离比较大，因为对方后防线的距离比较宽，所以边锋要及时利用这个距离。

再次，当守门员在正确时机离开球门参与防守时，或处于有利于扑救的位置（如远离近门柱或异侧门柱的区域）。

最后，传中时必须确保队友在球门前接应，否则传中容易被对方拦截，导致进攻徒劳。

2. 传中最佳目标区

据近几届世界杯的数据分析，最佳传中位置距离球门线约为21米，距离球门线约为4米，距离禁区约为8米，82%的射门来自这个目标区域。传球时，球既可以是内旋球，也可以是外旋球，取决于对方和搭档的位置。

3. 传中人员

除了边前卫外，还有中场向边路分球、边后卫利用突破前插后的边路传中，或者边前卫回撤至边路接应组织。边后卫套上后，可沿边路内切至内线传中，或与边前卫形成交叉跑位配合。插上路线：一种可从中路插入，采用斜向切入或套边突破；另一种从边路插入，通过空切或反切插入禁区。

4. 中路进攻

中路进攻，顾名思义，指在对方半场内中路地带展开的进攻，即指罚球区的两条平行于边线的延长线至中线之间的区域。

中路进攻重点应抓好下列几个问题。

（1）射门。A. 射门区。需要注意的是，罚球区及其附近区域是射门的主要位置，而非远离球门的边区。不过需要注意的是，在禁区内从前方射门的机会很少。首先，大多数后卫会向前移动并限制射门角度。其次，守门员通常在前场防守。因此，主射门点在与罚球区成25°角内。B. 主要得分区。根据国外专家、学者对世界杯入球研究表明：远侧门柱向内3米处，并向场内延伸4米处区域内，是射门得分区域。有定位球、有交叉短传配合球，也有个人持球等形式射门得分。此外，此区域也是补射得分最主要的区域。此区域补射占入球总数的22.4%，所以必须加强对此区域的射门训练，比赛中此区域必须有人占领。C. 直接射门效果极佳。直接射门因速度快且突然，使防守队员猝不及防，效果最佳。据国外学者对世界杯研究表明：直接射门（含头顶球射门）得

分，占进球的71.5%。

（2）节奏。现代足球的影响在于进攻的节奏，进攻的节奏主要有两种：一种是先慢后快；另一种是先快后慢，然后突然快。

（3）加强前场反抢后的进攻。实践证明前场抢、断下球后，立即进攻能起到事半功倍的效果，其原因一是距对手球门近：二是对手处在进攻状态，一旦失球难以组织起新的稳固防线。统计数据表明：在后场抢得球后进攻，235次中只射入1球：在中场抢得球后进攻，147次中射入1球；而在前场抢断球后进攻，每33.5次中就可射入1球。所以，在训练和比赛中，教练员和运动员都应重视这一区域的显著效果。

（4）利用边路拉开防守的转移：比赛中防守队员的活动以球为中心。球在哪一侧运动，防守队员就会被吸引到哪一侧。此时无疑拉开了防线，异侧防守空虚。若能抓住这一防守薄弱的区域，予以及时攻击，起到的威胁和效果甚大。

（5）时空差的意念和争夺。

（6）二三线队员的突然插上配合。

（7）快速反击、攻击身后或攻打两肋。

（8）反越位的默契配合或个人机敏地带球直捣球门。

转移进攻主要是指在中场区域内，中路进攻或边路进攻受阻时，由中路转移边路或由边路转移中路的进攻。

（三）破密集防守的进攻打法

当两队实力相差悬殊，或两队实力相差无几，一方已处领先地位，临近结局时为保住胜果，常采用众兵密集罚球区附近，以"老虎不出洞"的方式死守门前要地。

国内外进攻密集防守的方法主要有如下几点。

（1）打开防区进攻。对方有效防守中路，所以禁区周边有很多"不插针不喷"，可以打开边路，在边路上方进行犀利的进攻。打出防守区，打造中路防守，失球失误时有发生，中路有进攻的局面。

（2）墙式2过1配合进攻。2种模式中的1种模式是快速、即时、准确且具有威胁性的。凭借良好的传球、速度意识和良好的进攻技巧，经常可以重击对手。

（3）传切配合突破。进攻型球员可以在拥挤的地方不断地左右切入，前后移动，不断地后撤和前推。当防守者被迫跟随进攻球员时，就会出现洞或开口。进攻队员采用一传一切，深入"敌后"会使防线瓦解。

（4）个人带球突破。持球球员使用他们惊人的不同机制在人群中左右移动，突破防线或避开距离和踢球。

（5）空中袭击。门前守卫集中，形成屏障与大量障碍物，使得对地攻击近乎无懈可击。在此情况下，高空作战常采用长距离迂回或环形飞行策略，由技术娴熟的队员从中高空发起头部攻击。通过控制禁区附近空域，直接对目标展开进攻，既可以配合身前队友创造机会，也可以回撤接应队友完成射门。

（6）远射。如果对手死守不出，进攻队员可采用远射手段，频频击打球门。一则同伴可跟进二次进攻或补射；二则"引蛇出洞"，利用暂时出现的空隙立即改变进攻手段，会起到事半功倍的效果。

（四）中前场高压式防守打法

1. 中前场压迫式打法

压迫式打法源于英国，许多优秀的俱乐部队都采用这种积极性很强的压迫式打法，他们的观点是：当我们失去控球权后，就立刻设法把它夺回来；如果我们有人数上的优势，在进攻三区（前场）就采取有积极性的反抢，在中场肯定是积极争抢的白热化地带，仅在必要时，才在防守三区（后场）抢夺。1986年第13届世界杯赛中，许多队开始接受并采用了此种打法。

压迫式打法逐渐集中于球上，通过对持球队员有组织的围抢，一名队员对其实施压力，迫使其采取仓促的行动，毫无威胁地回传或局部横传、短传。持球队员本身虽没有遭到直接的抢截，但对仓促和不准确传球的断抢变得极为重要。这种打法需要极好的防守组织，同时对防守者的身体和意识也有极高的要求，他们必须能频繁地适应新的形势。

2. 抓住时机对较理想的场区施压

在对方的防守三区（后场）或中场，即本方的进攻三区（前场）或中场，以及对手无机会传球的场地，如边线附近或边线和端线夹角区施压。当

对方守门员将球发出后，迅速压上，进行人盯人防守。当对手在场上缺员，出现以多防少时，注意运用此打法。

当对手进攻能力不强，对手接、控球困难时，或当对手面对自己球门，背身接、控球或回传球时，注意运用此打法。在任何场区有下列优势，如2对1时，局部已形成紧逼围抢，则应迅速施加压力。

3. 压迫式打法的主要技巧为实施压力

逼抢持球人：靠近球的防守队员要逼抢持球者，紧逼迫使对手低头控球、短传或运球。若运球迫使其运向防守密集区域，则逼上的速度要快，靠近时应稍慢，并注意站位的角度。如果丢球的前锋有同伴的积极支持，就可在进攻三区采取这种逼抢方式。

盯住接应者：对离持球队员附近的对手必须紧盯，可与之保持适当距离，诱使持球队员将球传给他，以便迅速冲上断截。中场队员应根据球的位置横向移动，形成人数优势。一名前锋应时刻准备封断对方自由人或守门员的传球通道，远离球的防守者要争取做到一人兼顾两名对手。

压缩空间：后卫队员要及时压上，不允许在中场出现较大的空间。若中场与后场脱节，将会削弱防守中相互保护的作用。当球在一侧边路时，异侧边后卫不应比邻近的中卫拖得更靠后。守门员应准备好扮演清道夫的角色，造成对手越位是这种打法的产物。保持控球权，采用压迫式打法，一个队不可避免地会在密集的局面中把对手圈入他们自己的半场内，所以每个队员必须有处理这一密集形势下的技巧和能力。要想保持控球权和渗透对方防线，具有良好的控运球和传球能力是特别重要的。中场队员必须提供机动多变的接应角度，为集体控球创造条件。

当运用压迫式防守打法失败时，中场队员应起到延缓作用，其他队员迅速回撤、内收，保护争夺球的同伴。

（五）逐步回撤防守打法

压迫式防守是一种积极有效的防守打法。但是，随着每支球队的潜力越来越接近，其进攻技术往往会提高，攻防平衡也趋于平衡，尤其是压力大的比赛对球员和整个球队的整体能力提出了巨大要求，缓慢移动的防守比赛风格逐渐流行起来。

逐步回撤的打法，一旦失去控球权，全队不是即刻回撤，而是积极堵抢持球人，其他队员视场上情况有组织地回撤，同时寻找截断对方传球的机会，最后形成在中、后场的纵深防守。总之，在局势不利的情况下要逐步回撤，步步为营，有步骤、慢慢地放弃空间。如果队员们的选位、站位和相互保护很好，一方面可以阻止对手在长传反击中占据空间的企图，另一方面也可迫使对手减慢推进速度，诱使其向横回方向传球。重要的是防守者有较充裕的时间组织多层次的纵深防守。

（六）快速回收防守打法

当本队的整体实力明显低于对方，或在比赛中根据比分变化、战术打法需要，以及出现某种特殊情况造成场上的劣势时，通常采用快速回收的防守打法。

为了对机动灵活、善于利用场地区域、快速渗透的高水平进攻加以有效扼制，当代比赛中防守者任何时刻都要对造成人数优势与多层次的布防加倍注意。防守中广为人们认可的名言是：可以不全攻，但决不能不全守。为了保证人数上的优势和有组织的队形存在于防守的始终，在由攻转守后的瞬间，全体队员均要投入有目的、有组织的防守行动中。

失去球权后，场上的防守者必须有计划地阻挡对手的进攻，尤其是在阻挡一个正在计划快速进攻的球时。其他球员必须照顾对手，同时迅速退到自己身边，最终不得不设计多层次的防线而不是增加数量，形成9~10人的中场和后卫的稳固防守。配合得当，辨识度更高、更清晰。这种保护要求运动员在防守时要有意识、认真和负责，完全不依赖理性，在给予保护的同时保持警惕并相互承诺。这种防守打法将对手限制在场地中央区域，利用防守队员的速度与技巧构建屏障，让对手难以轻易突破防线。这意味着防守者必须适当缩小球员之间的差距，封住进攻角球，等待失误，收回控球权并迅速进攻。长距离攻击在狭小的空间内很容易失败，依赖短距离传递难以在密集防守中保持连贯性，容易被对手断球反击。

通常前锋形成第一道防线封堵对手，防区基在中线附近。中场队员在中后场盯住已压上的对手，或监视试图前插的进攻者，而后卫线的队员在禁区前沿，特别是最危险的区域，严密盯住自己的对手，同时，注意支援和保护前卫线和邻近同伴造成的漏洞。守门员要充当最后一名后卫，适当扩大防区，随时准备出击。

第四节　足球战术教学与训练

足球比赛中，战术的运用得当与否，直接左右比赛的胜负。对高校学生来说，掌握足球战术，既能极大提升比赛参与度，又能显著增强团队协作能力。足球战术教学与训练，不是简单的理论灌输，而是融合了实战模拟与策略分析的系统过程。在进行战术教学与训练时，教练员必须在理论上和实践中贯彻比赛原则，它是战术教学训练的重要组成部分。

一、比赛原则

足球比赛的最终目的首先是取得胜利，若不能胜利，就要设法求和。训练的目的就是争取比赛的胜利。一切训练手段最终达到的目的就是射门，同时也不能忽视防守。只有善于进攻和善于防守，才能在比赛中取得胜利。因此，在训练中必须对队员进行攻守原则的教育。

（一）进攻原则

1. 制造宽度

进攻的首要策略是充分利用场地宽度，通过边锋与边翼卫的跑动拉扯，扩大对手的防守覆盖范围，拉开进攻间距，从而创造进攻空当。这需要通过频繁的边路转移与快速传递来实现。当进攻机会不明朗时，可通过控制节奏调整进攻方向，依据对手的防守站位、球员特点以及场上不同位置的职能差异灵活变化。

2. 保持平衡

防守时必须使防守队员在人数上与对方进攻队员相等或较对方进攻队员多。在延缓对手进攻速度的同时，其他队员赢得了退守到位调整防守位置的时间，出现中场攻守人数的均衡，加强了中场，巩固了后防，造成对方在刚发动进攻阶段就不占人数优势。因此，无论是盯人防守还是区域防守，都要"对口"，达到攻守人数平衡，才有可能稳固防守。

3. 机动灵活

当对方防守比较严密的情况下，队员要能机动灵活地运用各种有球、无球技术，打乱对方的防线，制造和利用空当。同时要提高队员在战术上识别对手企图的能力。因此控球者需要运用巧妙的带球并结合假动作摆脱或牵制对方。其他同伴要灵活机动地运用事先安排好的战术配合，完成插入和接应的任务。

4. 应变能力

应变能力是指队员在排除阻挠和困难的临场应变能力。这种能力建立在全面身体素质和熟练技术的基础上。进攻的深入发展必然遇到守方全力以赴地逼抢，阻止攻方的进攻和射门。在这种情况下，进攻者必须创造性地运用战术，使对手猝不及防。而在比赛中采取应变措施则需要有良好的身体素质、全面而熟练的技术、丰富的比赛经验、稳定的心理以及聪明的才智。可以说应变能力是队员在技术、战术、身体素质、意志作风及个人智慧创造力方面的综合表现。

（二）防守原则

防守原则是当一个队失掉控球权时每个队员必须遵循的。这些原则指出了在对方一次进攻的整个防守过程中，守方在不同时间和不同场区应该完成的战术任务和要求，以及需要采取的方法和手段。

1. 延缓对方的进攻

失球后要延缓对手的进攻速度。离对方控球队员最近的队员要立即阻挠和封堵控球队员，不给对方进行快速反击的机会，使同伴能迅速回防，特别要阻止对方发动快速反击，这将有利于其他同伴迅速调整防守。防守对方控球队员的行动必须谨慎有效，迫使其做横传、回传，减缓进攻速度，从而争得时间，退守到位，形成以多防少的有利局面。

2. 保持平衡

防守时，需确保防守队员人数与前锋人数相当或更多。此时，其他球员应

适时回撤，调整防守站位，以此延缓对手的进攻节奏。通过强化中场的攻防转换职能，稳固防守根基。因此，要实现攻防的成功，场上球员需紧密配合、协同作战，方能构建起稳固的防守体系。

3. 收缩保护

防守时，队员需向中路收缩，缩小彼此间的防守间距，形成紧密的防守保护圈。同时，每个人要明确分工、各司其职，重点对关键区域和队友进行补位保护。通过减少防守空间内的危险区域（如禁区前沿），有效干扰和遏制对手进攻，使防线保持稳定，尽可能将对手阻挡在远离球门的位置。

4. 紧盯控制

防守球员需对盯防对象进行贴身紧逼，尽可能限制其拿球、带球、传球的空间，防止对手将球输送至威胁区域。尤其是当对手进入禁区附近具备射门条件时，更要保持高度警惕，全力干扰其进攻动作。

二、个人战术纪律

为了贯彻和执行攻守原则，每个队员必须遵守以下十条纪律。

（1）每一个队员在获得球后必须发动一次新的进攻。

（2）本队失球时，每一个队员必须立即担负起防守任务。

（3）控球队员传球后立即跟上，进行支持和接应同伴。

（4）主动接应球，传球后立即跟上做接应。其他临近的队员也要靠近控球队员，要主动迎球，不要等球。

（5）有意识地控运球。控球队员在无人接应或传球不利时，要做有意识的控运球。

（6）当队员得球后，要把自己的身体置于对方和球之间，以免对方将球抢去或破坏掉。

（7）主动抢点，当传来空中球时，接球队员力争不让球落地就把球控制好。

（8）能截断的球，绝不能让其漏过。

（9）队员在比赛中，要始终使自己面向球、看到球。

（10）决不造成不必要的犯规或随便将球踢出界外。

战术教与学往往从简单的技能开始，逐渐转向一整组技能模式。为了取得有效的效果，所有球队的攻防战术，以及更复杂的战术，都必须因地制宜。为提高实践的连贯性，应根据教与学的任务，进行相互冲突的练习或类似竞赛的比赛。

技术教育应与体育教育紧密结合。

在战术训练中，队员需要了解一些基本的战术知识、战术理论和规则。练习和总结是队员学习技巧和规则的课堂。它有助于观看有关高级足球比赛的技术电影或视频。

三、练习方法

战术训练中常采用在规定区域里的传抢练习、半场攻守、攻防转换战术练习、小场地比赛练习和全场比赛练习等方法。这些方法可按队员技术、战术掌握程度，通过变换场地大小、攻守人数和限定的技术来增加训练的难度。

（一）传抢练习

传抢练习是战术配合的一种方法。根据练习者的不同水平和训练任务，提出不同的要求。在规定场地范围内进行四对二、三对二、三对三、五对五的传抢练习。比如五对五练习是培养队员紧逼盯人、摆脱和传接的能力。在规定范围内进行五对五练习时，传球人触球次数可以不限，将球传给同伴，也可运球过人。传球、运球失误后五人变抢球组。人数不等的传抢练习，可规定触球次数。

（二）半场攻守练习

半场攻守练习主要培养队员的进攻配合与防守配合能力，为全队配合打下基础。在半场内可用五对五、四对四、七对七等方法进行。

（三）小场地比赛练习

小场地比赛练习的目的是培养队员在近似比赛的情况下全面进攻、全面

防守的战术意识。这种练习可在足球场上或是球场的半场进行三对三或七对七练习。

（四）全场比赛练习

全场比赛练习是技术训练的最高形式。需要向队员们讲解从比赛中学到的技巧，队员们需要努力完成自己的技能，不要担心比赛的结果。训练期间，教练可随时暂停比赛，并及时说明战术训练要求。

根据不同的技能要求，选择具有不同优势和劣势的队员。在技能训练开始时，可以邀请一个较弱的团队。如果他们想测试自己使用和改进技术的能力，必须邀请在战术质量最强的团队出战。

（五）攻防转换战术练习

我们喜欢采用的上述固定模式的练习有一个明显的弊病，就是忽略了攻防转换这一重要时刻的战术练习内容。由于过多注重一次进攻配合的效果，在上述练习中多表现为射了门即结束了本次配合，往往不能与跟进补射，守门员或防守队员得球后的及时反击和原攻方队员的反抢，以及相关联的连续反复争夺联系在一起。就是在我们各年龄组均习惯采用的对抗练习一半场攻守中，攻方完成一次射门或被守方截获到球时往往自然停止了练习，此时经常可以听到一些教练员在场外大声地喊叫："跟进补射！""抢球啊！"等，然而队员们却已经自动彻底放弃了下一步的行动。

这种情况的普遍存在，首要原因是我们对攻防转换的理解与真正足球比赛实际需要存在较大的差距。虽然我们在训练中也强调攻防转换，但在怎样认识及如何训练方面却没有明确的说法和做法，故一般多是在比赛准备会上强调注意攻防转换，要求球员丢了球要积极参加防守，得了球要积极参加进攻而已。实际做起来难以形成自觉行动，多为依赖于教练员的场外提醒："快压上去！""快回防！"等。久而久之，比赛场上出现因攻防转换刹那的停顿而贻误战机或造成失分等状况，也就绝非偶然了。

荷兰讲师1999年第一次为中国教练员进行培训时曾说道："荷兰5岁的孩子们都知道，丢了球就要参加防守，有了球就要参加进攻。"这是欧洲足球强国的孩子们从一开始接受训练就通过练习得到的基本认识。这一点，从他们鲜明地提出"足球比赛四个时刻"就可以得知。既然由守转攻和由攻转守被清晰地划为了两个重要的时刻，而且每个时刻确实是客观存在的，并可演绎出各具特色的基本打法，那么，对于任何一级球队及球员来说，在这两个时刻不知道怎么做，尤其是不知道应该怎么做，实在是将足球非常重要的一部分丢弃了，或者说是对真正足球比赛的理解太浅薄了。而且，对于教练员来说，不仅要知道这两个时刻的存在，更重要的是要清楚怎样使自己的球员通过有针对性的练习解决在各个场区出现的由守转攻和由攻转守的具体打法。只有这样才能使球员做到认识与行动上的统一。荷兰5岁孩子对攻防转换的认识，也正是基于他们的教练员认真执行荷兰足协推崇的"真正足球"训练理念和实践的结果。

显然，对于我们的教练员来说，认真"阅读"比赛的这两个时刻是第一位的。要在清楚理解这两个时刻在各场区的基本打法的基础上，进一步结合自己球队制订明确的打法。同时，要认真研究和探讨如何通过有效的训练方法（由简单到复杂、由无对抗到对抗、由局部到整体），一步步地将自己球队在攻防转换中存在的问题解决。老实说，在我们整个足球训练内容的安排中，究竟攻防转换的练习内容占了多大比重呢？确实需要我们冷静地思考一下。如果足球比赛中客观存在的这两个重要时刻在我们的训练中难以找到位置的话，岂不是成了天大的笑话吗？然而，这就是异常严酷的现实！

在充分认识这一问题严重性的同时，我们应该首先从纠正传统固定套路战术和半场攻守类练习方法上存在的缺陷入手，增加套路练习中球员的随机应变自主抉择权力以及对抗程度与方式，在半场攻守练习中，增加守方进攻目标的练习，使之互有攻守，切实提高攻守转换两个时刻在我们足球训练中的实质地位。在此基础上，就是要结合本队比赛中在攻防转换上出现的具体问题，并结合场区和人员，设计逐步增加对抗难度的有针对性的训练方法，使问题加以解决。换句话说，攻防转换的练习内容在球队的训练中必须占有相当分量的一席之地，否则练的就不是现代足球。

四、足球基本战术教学法

战术教学训练的内容，可以归纳成两类。

第一类包括所有个人技能、局部技能和小型分队技能。这样的策略是每个团队，甚至是精英团队，都应该拥有的。

第二类是团队战术和定位球战术。应该根据团队的起点和参与比赛的需要来制定和培训这种类型的策略。一支球队要想在一场比赛中成功地发挥团队战术，一方面必须掌握并执行这些规则，另一方面要掌握第一类战术训练。

第一类战术训练是第二类战术训练的基础，第二类战术训练是第一类战术训练的延续和发展。在进行技能战术训练时，第二类技能战术训练必须遵循竞争原则和私有制的必要性。足球训练是复杂的，包括技术、战术、体能、风格和心理等方面的训练。每一次精彩的战术配合都与出色的配合、良好的体能、勇敢的斗志密不可分。因此，技术教育，特别是战术教育，应体现这些因素，对不断提高技术教育质量提出严格要求。

（一）战术教学训练的内容

战术教学训练包括个人的、局部的、整体性小型分队的、成队的、定位球等五种，而每一种战术又有进攻与防守两个方面。

1. 个人战术的教学与训练

在比赛中使用机制称为个人策略。在比赛中使用机制只是动作形式的动作，具有战术目的。力学和战术密不可分，两者不能完全分开。

因此，个人战术训练应与技术准备和应用，即个人战术要求密切相关。这种运球应该在比赛中什么条件下使用，不应该在什么情况下使用，运球后该怎么做，等等。

比赛的每一个技术步骤都有上述战术。需要注意的是，技术和个人技能有着千丝万缕的联系，不能完全脱离培训，但视任务培训而定，在课堂上还是需要注重技术或技能。

2. 局部战术的教学与训练

局部战术的教学与训练，除在开始时就应明确跑动传球的路线外，还要特别注意提高个人战术的意识。如某一传切配合，用什么动作方法摆脱，跑位在什么时候该突然加速，传球队员如何与跑位队员在传球时机、落点、力量上配合默契，这些都应不断反复地进行训练。局部战术作为一种基础，球队的每个队员都应进行训练，特别是青少年队的训练。局部战术是成队战术的一个组成部分，在进行成队战术训练时，应经常拆成几个局部进行训练，并应反复练习这一配合。

3. 整体性小型分队战术的教学与训练

当个人战术、局部战术有一定基础后，即可进行整体性小型分队战术的教学与训练。

这种战术训练最基本的内容是1对1、2对2、4对4、8对8。整体性小型分队战术教学训练1对1是训练个人的攻守能力。2对2是攻守战术配合基础的训练，进攻的二人要负责接应、支援、插上等，防守的二人要负责盯人、保护与补位等。4对4是攻守战术阵型的训练，4个人就可分成前锋队员、前卫队员、后卫队员，有了这三条线就有了阵型的雏形，就可以进行阵型的基本战术要求训练。8对8是4对4的扩展，战况变化更多，更接近于正式比赛。整体性小型分队战术除上述基本内容外，也可3对3、5对5、7对7以及人数不等的2对3、4对5等内容。运用整体性小型分队战术训练，要防止单纯地用以提高兴趣，赛出胜负。

4. 成队战术的教学与训练

每一个球队都应有几套行之有效的成队战术配合，并要长期反复地训练，达到队员之间配合默契，应用熟练。同时还要有与之相匹配的应变战术，以应对比赛中变化万千的战况。成队战术的训练开始时应拆成几个局部，在局部战术熟练的基础上再合并成套进行训练，成套练得熟练后再练应变的战术。在制订成队战术时应考虑本队队员技术、身体素质等方面的实际能力，并结合本队比赛中采用的阵型，以及与本队的正选阵容相结合。同时还应考虑替补队员的位置，使平时训练参与的队员就是上场参赛时的角色。

5. 定位球战术的教学与训练

定位球战术的训练主要是任意球、罚球点球与角球。而任意球又以门前30米范围内的直接、间接任意球为主。定位球战术配合要根据本队队员的技术与身体素质进行设计和训练。

（二）足球场上位置职责

1. 边后卫

边后卫的主要防守职责是防守边翼，并根据球的位置和教练员所决定的防守战术去行动。

首先，要注意人行道。防守敌方侧翼或进入侧翼位置的其他队员必须处于良好位置，站得比对手更靠近目标，与对手保持良好距离，向前走、接近球、转身。返回保持领先于对手，对手离球最近。

其次，确定对手的特征。运球和突破技术好的队员需要提前防守，并与对手保持一定的距离，灵活采取保护措施。由于对手的进攻动作难以预料，一旦确定了对手的进攻目标，就需要根据比赛的实际情况立即采取行动。关闭边线，保护目标免受对手的攻击是防御的重点，对于后方的所有战士来说，"关内放外"很重要。如果对手出现进攻失误导致丢球，中场队员要及时补上相应的位置，此时对方往往需要通过大量传中战术来寻求进攻机会，打破局面。当对手发起进攻时，队员必须及时回撤到边路关键区域进行防守，填补中场防守的空缺，同时积极截断对方可能传出的长传球，阻断对手的进攻线路。如果对手正在攻击一名中场队员，该队员必须准备好填补中场队员防守的空白，假设球在该队员的脑海中。

最后，参与制造越位。正常情况下，后卫的位置不应该落后于自由中卫。如果需要越位战术，必须迅速将防守者推回，并且场上战术不能失败。提高边后卫的进攻质量，对于平衡攻防、增强球队的进攻实力具有重要意义。一是通过快速前插参与进攻；二是为锋线队员提供有效的传中支持；三是需参与中场进攻组织，在必要时临时充当边锋角色，丰富球队的进攻套路。

2. 突前中卫（盯人中卫）

突前中卫（盯人中卫）作用主要有下面几点。

首先，看守突前中锋。这是突前中卫的主要任务。为此必须占据有利位置；力争占据内线靠近球的一侧；与对手保持合适的位置；将运球对手往边路挤，缩小其射门角度；只要有可能接球并对球门产生较大威胁时均应紧逼，反之则可重点扼守门前中路或与同伴交换看守对象。

其次，识别对手特点。不给对手个人突破、组织进攻等诸方面的能力与专长的发挥，最大限度削弱其进攻危险性。

再次，机动灵活抢夺。抢夺要见机行事，既不能让对手舒服接球，又不能盲目贴身乱扑。同时要十分重视展开积极的空中争夺，削弱对手的头顶传射威力。

最后，向后交叉补位。当自己抢断失败，自由中卫上去阻截企图突破的中锋时，突前中卫应迅速为自由中卫进行补位，以便重新形成双层防线的局面。

突前中卫还会参与进攻，虽然主要任务是防守，但是，一旦战术时机成熟，就应该参加进攻。具体任务是抢得球后，可以将球传给边卫、前卫或前锋来发动进攻；在中场接应同伴传球，组织进攻，加强中场进攻力量；战机成熟的时候，可以直接投入一线进攻，并力争射门。进攻结束必须迅速回位。

3. 自由中卫（拖后中卫）

首先是防守。处于3名后卫后方的要害地域，是防守的可靠后盾，阻截直达球门的通路是主要职责。为此，需要根据球的位置和双方攻守的情况，积极选好位置，随时准备应对各种可能出现的复杂局面。主要作用包含了下面六点：驻守防区，截获传球；抢断渗透性直传球，弥补门前空当；阻击离开自己基本位置的插上"奇兵"；机动保护，及时补漏；掩护进攻，弥补空当；居后指挥，稳固防守。

其次是进攻。夺球发动进攻。抢得球后，可以将球传给边卫、前卫或前锋来发动进攻；居后接应配合，突然插上进攻。自由中卫通常无专人盯逼，突然出现在对方门前颇有威胁。主要采用长距离运球突破，结合二过一配合的方法，力争射门。进攻结束必须迅速回位。

4. 组织型前卫

首先，组织进攻。随时准备在中场摆脱防守，接应同伴，充分发挥组织者的作用。

其次，控制节奏。根据比赛临场情况决定进攻的速度和节奏，选择有利的传球时机与传球点。

再次，威胁球门。当中锋拉边或回撤，边锋里切或回撤，则应以突然的快速插上或套边占领空当，接获同伴传球，并依靠个人突破或二过一配合完成射门。

最后，积极防守。本方一旦丢球，就应立即转为防守，着重注意对口盯人，在中场延缓阻滞对方进攻，伺机抢夺，随着对方进攻的推进而撤退到本方门前防卫。

5. 防守型前卫（后腰）

首先，对口盯人。通常盯防对方的"二中锋"，抑制其进攻的威胁。

其次，机动防守。根据临场的不同情况，在罚球弧前面的中场地带，采用盯人与区域防守，完成各种防守任务。

再次，及时补位。当中路防守上出现漏洞时，应及时弥补中卫的空隙，封锁攻门的通道。一旦由守转攻，一侧前卫插上进攻时，亦应占据插上前卫留下的空当，以免中场脱节。

最后，伺机进攻。进攻的主要任务是负责前后左右的接应，以及灵活地转移进攻方向。但是，一旦出现良好的战机，也应该及时插上进攻和远射。

6. 进攻型前卫（前腰）

首先，制造空当。通过无球跑动，在两肋策动，吸引对方注意力，从而打开缺口，为同伴利用中路空当，进行转移传球或运球突破创造有利条件。

其次，组织进攻。在中路控球时，应当发挥组织进攻的作用。尤其是当前卫、边后卫插上助攻时，应为其提供有威胁的传球。

再次，攻击球门。善于利用中锋为墙做二过一突破，攻击对方球门。

从次，边锋里切拉出边路空当，前卫套边替代边锋进攻职能。

最后，积极防守。一旦本方由攻转守，就要积极追赶和盯防就近的对方控球队员，延缓对方进攻，并积极参与门前防守。遇到中场指挥者和防守前卫出击时，则应在中场保护以确保中场优势。

7. 前锋

首先，积极射门。在对方门前运用带球突破、空切突破、中路包抄、争顶高球等积极射门。

其次，扯动看守。通过无球跑动，扯动防守者，制造空当，为同伴突破与射门创造空隙。

再次，传球配合。位于全队最前方，采用传切、顶球摆渡、墙式二过一配合等，为同伴创造突破与射门的机会。

最后，积极反抢。失球后立即反抢，争取将球夺回，或者破坏对方第一传，延误对方的反攻。

8. 边前卫

首先，侧翼进攻。通过带球突破或配合突破，打开边路缺口，进行传中或射门；通过有球或无球的活动，扯动防守，拉出边路空当，让前卫或后卫插上；当中路或异侧进攻时，拉边牵制防守，并随时准备接应转移传球；大范围交叉换位，起到另一侧边锋的作用。

其次，中路进攻。内切中路，进行配合突破或射门；与中锋交叉换位，起到中锋作用；异侧边路传中，及时包抄射门。

最后，积极防守。由攻转守时，紧盯"自己的后卫"，不让其自由助攻；必要时积极参与中场或后场的集体防守；当对方罚角球或罚球区附近任意球时，要积极参与门前防守；但当本方边后卫出击时，应临时代行边卫之职。

五、教练员战术思想

霍顿在中国执教时曾经说过："教练员首先应该有一个基本的战术思想、阵型为之服务，即通过阵型来实现自己的战术思想。"著名教练员穆尼利奥也说到："我全神贯注于我球队的战术思想上。我把我的战术思想写下来并给俱乐部所有的人看。战术方面是整个训练过程的核心。"可见教练员战术思想的重要程度。

然而，在我们的足球训练现实中，没有一个清晰完整的战术思想，今天学这个队，明天学那个队的情况不乏其人，没有形成基本战术思想，只是凭着"一腔热血"及对足球运动的一知半解即指导球员者也不在少数。这实在是一件令人感到可怕的事。这种情况的存在，与我们的教练员尤其是基层青少年队的教练员"'阅读'比赛"的能力有着直接关系。应该说，对战术打法尤其是细节问题的理解只有通过"阅读"高水平足球比赛才能得到。与20世纪七八十年代相比，现在通过电视、网络等各种渠道得到最新和最高水平足球比赛的视频已如同囊中取物，只要你具备强烈的事业心和责任感，能够站在教练员带队的角度去观察学习，就完全可以明确和提炼出适合本队的战术打法。当然，对问题的认识肯定还会逐步深入的，随着你的钻研深入必将

会终成正果。

当然，教练员的战术思想应该让全体球员都清楚地了解和接受，这也是十分有必要的。除组织明确有序的训练内容外，霍顿通过剪辑录像把捕捉到的队员在比赛场上按照他战术思想完成的行动进行反复播放，将练习与比赛效果直接挂钩；米卢把优秀球队比赛中符合他战术要求的打法适时剪辑，以强化队员认识；很多外国教练员在带我们国家队进行战术训练前，利用短暂的二三十分钟在会议室进行讲解和说明，都为我们教练员做出了很好的示范。这一切，就是在加强教练员与队员的良好沟通与理解，无疑对全队统一战术思想极为有利。

第五章 足球运动员素质训练与医疗保健

足球是一项激烈的运动，是一项需要更多技术和科学方法来指导和管理处理的运动项目。足球运动员的身体和心理素质在足球运动中发挥着重要作用，有时也决定了一场足球比赛的胜负。通过分析运动疲劳的成因，引导人们根据足球运动后的身体状况提高身体保健意识。此外，足球运动员的饮食是他们运动保健的重要组成部分，人们可以通过正确的饮食来保持足球比赛后的体能。

第一节 运动员身心素质训练理论阐述

在体育竞技领域，运动员的身心素质直接决定了其竞技水平的高低，也深刻影响着整个运动生涯的走向。对于足球项目而言，它对运动员的身体素质和心理素质都有着极高的要求，既需要强大的体能作为基础，在赛场上持续保持高强度对抗，又需要稳定的心理状态，在关键时刻做出正确决策。身心素质训练理论，就如同搭建运动员身心能力大厦的蓝图，为训练提供科学指引。本节将深入探究运动员身心素质训练理论，系统剖析训练的原理与方法，帮助教练、运动员掌握训练要点，提升身心素质。

一、运动员加强身体训练的意义

身体训练是指在运动训练过程中有计划地运用各种身体练习促使运动员的身体机能和身体素质得以全面提高和发展，同时使运动员的身体形态正常发展，使他们的健康水平得以提高。所以，对运动员施加各种身体练习的过程就

称为身体训练。体育活动和竞技项目都要求运动员具有所特有的机体工作能力，这种能力是靠运动员经过艰苦的训练才能获得的并通过人体活动所表现出来的，通常划分为力量、速度、耐力、灵敏度及柔韧性等。

运动训练以发展运动员的素质作为身体训练的主要内容。身体素质显然只是一种能力，但是它的发展取决于机体的神经系统的调节机能、身体形态结构、机体机能、能量物质的储备和代谢以及各种化学酶的活性等。运动员在训练过程中必然要承受该项目所要求的生物负荷，从而刺激机体发生变化，表现在形态、机能和运动素质上。身体训练是运动训练中不可缺少的一个重要组成部分，它是实现教学训练合理程序的必不可少的部分。因为只有通过各种不同的一般身体练习与专项身体练习，才能使人体由安静状态达到人体机能接受教学训练的运动量，才能提高神经中枢的兴奋并诱发接受和更好学习掌握技战术。在完成教学与训练活动后，也要运用有效的身体统习，使人体由兴奋状态逐步恢复到安静状态，合理的放松练习可以较快地消除疲劳。

由于足球运动本身特点，决定了足球运动比其他项目更需要耐久力和速度耐力。足球运动是允许身体接触和冲撞的争夺激烈的大场地球类项目，如果没有严格的、系统的、科学的身体训练使运动员达到高度发展的身体素质，那么想要用高难技术去实施个人和全队的战术也是很难办到的。从世界杯赛中可以清楚看到，足球比赛速度逐渐加快，对抗程度逐渐激烈，战术变化增多，运动员职能扩大因素对运动员身体素质也提出了更高的要求。只有身体素质、技术、战术、心理品质这四个方面都达到高水平的队，才可能在比赛、半决赛中取胜进入决赛圈。为此身体素质与技战术同样逐渐被各国专家所重视，他们广泛应用各个领域的知识，结合足球专项的特点，采用科学的训练方法，不断提高足球运动员的身体训练水平，有力地推动足球运动向更高水平发展。

由此可见，身体训练是运动训练中不可缺少的一个重要组成部分。重视和加强身体训练，坚持全面地、系统地、科学地训练对迅速提高我国足球运动水平具有十分重要的意义。

体能训练涉及利用各种体育活动以及时间，提高和发展运动员的体能和身体素质，也使运动员的身体状况得到自由发展，使他们的表现能够取得成功，健康水平得以提高。这就是为什么将任何形式的身体活动强加给运动员的方法被称为体能训练。体育和竞技比赛要求运动员具备在体内执行任务的特定能力，运动员通过力量训练获得这些能力，并通过人类表现来证明。它们一般分为力量、速度、耐力、灵敏度和柔韧性。

运动训练是将运动员素质的发展作为体能训练的重点。体能相对较少，但其发展取决于神经系统的管理功能、身体成分、身体活动、能量和运动储存以及物种的功能。运动员应在训练活动中承担主体赋予的生物学责任，使身体能够改变运动的形态、功能和质量。体能训练是运动训练的重要组成部分。它是教学和学习课程实施的重要组成部分。在平静的状态下，神经中枢也可以得到改善，更好地学习接受和理解。在完成教学和指导练习后，还需要通过适当的体育锻炼，使人体从躁动中恢复到放松状态。

体能训练可以被认为是运动训练的重要组成部分。重视和加强体育教育，建立全面、系统、科学的训练基础，是我国足球水平迅速提高的关键。

二、运动员加强心理训练的意义

现代足球训练侧重于心理、体能、技术、战术、心理和类型的训练。它体现了现代训练从"体力"向"身心合力"转变的发展特点。在足球中，队员不仅有更多的体能，还有更多的头脑。因此，如何提高运动员的积极性是运动训练中的重要考虑和决策之一。有证据表明，没有良好的心理训练水平，体能、技战术训练再好，也很难在比赛中取得好成绩。

在一场足球比赛中，球场的形态瞬息万变，无论是控球、攻拦技术控制，球员都需要时刻关注球。空间和节奏必须仔细观察。所以队员应该对心智能力、记忆力、思考等有一个很好的了解，应该具备必要的心理素质、自信、勤奋的精神、精力等。竞争灵活性、情绪灵活性和精神稳定性能克服最具挑战性的情况，自我管理精神状态完成竞争任务。所有这些都需要长期有计划的心理训练。

三、足球运动员身体训练的内容与任务

足球运动员身体训练包括一般身体训练与专项身体训练。

体育锻炼通常被认为是培养运动性格的一种方法。但是，不同的运动项目会选择不同形式的体育锻炼来培养运动员的整体体能，因此，要培养足球

运动员的整体体能，就要选择与足球需要的特定方面相关的比赛。这些运动可以改善运动员的健康，促进足球所需的功能能力的发展，改善他们的肌肉类型，并促进更好的身体外观。为此，足球运动员的一般体能训练原则应根据上述各节的要求进行选择。

针对足球运动员的专门体能训练包括提高特定运动质量的特定技术动作。它的使命是提高和促进专业运动的质量。通过专门的体育锻炼培养的运动素质，应当严格符合足球比赛的要求。例如，为了提高足球运动员的踢腿力量，可以采用腿部摆动、膝关节伸展、肌肉骨骼屈曲等肌肉强化运动，提高运动员耐力训练的速度。由以上来根据足球运动员在比赛中所使用的技术动作的体力进行具体的体能训练，如跑动等一系列技术动作。同样如快跑、转身、急停、跳跃、停、顶、运、抢截、冲撞等动作所需要的速度、力量、灵敏度、柔韧性，以及在90~120分钟内激烈对抗条件下完成这些技能所需要的各种素质。选择对提高这些技能有直接关系的各种练习，进行有计划的科学安排，才能达到提高专项身体素质和提高比赛能力的目的。

长期的体育教育应以综合体能训练为重点，从综合训练到专项训练贯穿整个训练阶段的体能训练才有效，学生整体的发展应提高他们的技能，为未来的水平打好基础。

四、足球运动员心理素质的任务和内容

可见，学生学习足球需要良好的心理素质。它的趣味性与知识、气质、训练和竞争心理状态、情绪控制和应对技巧、社会心理特征和情绪障碍有关。对于大学生来说，自信、活力和关怀是成为好榜样的重要心理特征。

心理训练分为一般心理训练和准备比赛心理训练两种。前者旨在专项训练中改善运动员的心理过程，挖掘心理潜力，完善个性心理特征，掌握并熟练心理自我调节控制的策略和机能。后者是以完成比赛为目的，激发运动员参加比赛的动机，提高运动员合理和灵活地运用自己的身体能力和技、战术意识，并运用心理自我控制调节的技术和手段，形成良好的心理状态和竞技状态，以争取优异的比赛成绩。一般心理训练和准备比赛心理训练是互为条件、相互依赖的。前者是后者的基础，后者是前者的进一步深化。

（一）培养运动员良好心理素质

一般心理训练的内容有如下几个方面。

1. 提高和完善运动员的运动心理能力

主要有肌肉运动感觉的绝对感受性和差别感受性，视野、时空知觉、动作反应速度、动作准确性、注意特性（注意的稳定性，范围、分配、转移）、运动记忆、运动表象和念动能力、运动思维、感觉的自我监控能力等。

2. 提高运动员的一般智力水平

这是因为现代心理学强调特殊能力（如高水平的运动竞技能力）是在一般能力基础上发展起来的，即在智力基础上发展起来的。

3. 改善运动员的个性心理特征

主要指运动员的性格、气质、兴趣、动机等方面。心理学家对优秀运动员的个性特征的研究表明，他们的个性特征是情感高度稳定，性格坚强自信，善于自我监督和自我控制，在训练和比赛的复杂形势下意志坚强、作风顽强、勇敢而有主动精神。

4. 发展和提高足球运动专项所需要的心理素质

如专门化的知觉（球感、时间感、空间感、节奏感）、观察能力（对场上势态、对手意图，战术发展的准确观察和正确预见等），技术和战术的记忆、分析、判断的能力，感觉运动思维的敏捷和灵活性，顽强的意志力和情绪的稳定性。

（二）比赛期的心理训练

主要有赛前的心理准备、赛中的心理调整及控制和赛后的心理调整。具体内容有如下几个方面。

（1）作好充分的赛前心理准备，形成赛前最佳心理状态。即镇静的、战

斗的、有信心的状态。情绪振奋，有高昂的斗志、充沛的精力和坚定的取胜信心。

（2）克服和控制几种不良的赛前心理状态。如盲目自信、过度兴奋、精神紧张、淡漠、恐惧、想赢怕输等。

（3）提高运动员对比赛情绪的自我调整和控制能力，以良好的心理状态参加比赛。

第二节　身体素质训练方法

在运动员成长的过程中，身体素质训练堪称根基，是提升运动表现、助力运动员取得优异成绩的关键所在。足球作为一项高强度、综合性的竞技运动，对运动员的耐力、速度、力量、灵敏性等身体素质，提出了极为严苛的要求。一套科学合理的身体素质训练方法，不仅能有效提升运动员的竞技能力，还能降低受伤风险，延长运动生涯。然而，不同的训练方法有着各自的适用场景与训练效果，如选择不当，不仅难以达到预期，甚至可能适得其反。本节详细梳理了各类身体素质训练方法，为教练员与运动员的训练实践提供了实用参考。随着体育竞技水平的不断提升，赛事竞争越发激烈，心理素质在运动员比赛表现中的作用也越发凸显。在足球运动里，无论是点球大战时的临门一脚，还是落后时逆风翻盘的信念，强大的心理素质都能让运动员稳定发挥、创造奇迹。相较于身体素质，心理素质的训练常被忽视，但实际上，一套行之有效的心理素质训练方法，能够帮助运动员克服比赛压力，建立强大的心理防线，在关键时刻保持冷静，做出正确判断。

一、力量训练

力量是指推动敌人的战斗力，如球的重量或力量。在战斗中，运动员肌肉的动作是战胜敌人的有效方法。

无论是大力射门、做长距离配合以及边路传中的一系列动作，还是掷边线球、强有力的头球、快速的假动作、过人以及双方激烈的拼抢，等等，都需要运动员头部、四肢乃至躯干各个部位具备良好的肌肉能力。千万不能将肌肉发达理解为拳击运动员所拥有的那种肌肉，那与这里所述的完全是两种概念。

（一）训练原则

1. 速度力量

（1）强度：应为75%~90%。

（2）时间：应为5~10秒。

（3）间歇：以完全恢复为宜。

（4）次数：4~6次。

（5）组数：3~4组。

2. 力量耐力

（1）强度：应控制在60%~70%。

（2）时间：15~45秒为宜。

（3）间歇：一般心率恢复到120次/分钟左右或45~90秒。

（4）次数：20~30次。

（5）组数：3~5组。

（二）训练方法

爆发性力量训练的常用方法有以下几种。

（1）负重蹲起，如杠铃、同伴或克服自身重量等。

（2）抛掷物体，如实心球、铅球等。

（3）仰卧时各种姿势的腰腹练习，如两头起举双腿成垂直位或过头，以及脚尖触地、转体等。

（4）各种跳跃练习，如立定跳、单脚跳、蛙跳等。

（三）注意事项

（1）要有针对性，因人而异。既要考虑个人特点，又要考虑身体不同部位的力量。

（2）力量训练要经常坚持，不论是基本期训练还是竞赛期训练，力量训练都不得停止。

（3）放松活动。大强度力量训练后，要做些肌肉的放松活动，这样既可以改善神经过程的协调性，也有利于提高速度性力量。

（4）为防止队员受伤，训练前不仅要充分做好准备活动，而且训练过程中必须高度集中精神和注意力。

二、速度训练

这里讨论的速度有两个概念：一个是运动员跑的速度，另一个是反应速度。运动员需要做的第一件事就是快速了解场上瞬息万变的局势，并及时做出反应。当你做出适当的反应时，用随机的带球动作适当地应对球场上不断变化的情况。

在无球情况下采取应变措施的速度，如起动时间、追球的速度，面对防守队员情况下的躲闪、转向以及其他措施等，都取决于下列因素。

（1）身体各个部位的动作是否能迅速做出有机的配合，也就是说是否协调一致。

（2）腿部伸展肌肉组织的速度力。

（3）躯干的灵活性。

（4）身体各个部位的灵活性和足球运动员所应有的特殊的动作技巧（如假动作等）。

有球情况下采取应变措施的速度除上述因素之外，还取决于持球队员的技术熟练程度。所以，这个问题直接涉及技术与竞技状态二者之间的紧密关系。

（一）训练原则

（1）强度：95%~100%。

（2）时间：3~5秒（5~40米）为宜。

（3）间歇：完全恢复再进行下次练习。

（4）次数：6~8次。

（5）组数：3~5组。

（二）训练方法

足球运动员的速度包括在场上的快速位移速度（奔跑速度）、对各种刺激的反应速度、完成各种技术动作的动作速度等。

足球比赛的发展越来越趋向快速，因此速度是足球运动员必须具备的重要素质之一，快速就意味着优势和胜利。

1. 位移速度

足球运动员的位移速度是指在场上的各种跑动技术。其特点之一是比赛中常做5~7米的起动，冲跑一般在10~30米（最多50~60米），并要随时改变方向，以控制球和应付突变情况。所以，除了掌握像田径运动员的各种跑动技术外，还要掌握步频快、步幅小、身体重心稍低的奔跑技术。其特点之二是由于做大量的起动、急停、变速、变向、转身等动作，要求足球运动员具有瞬时速度、角速度、加速度、匀速度、最高速度和制动速度。因此，足球运动员必须具有较强的腿部力量、腰腹力量和耐力。其特点之三是足球运动员在快速奔跑中完成各种技术动作时通常处于缺氧状态，所以提高无氧供能能力及三磷酸腺苷的再合成能力是保证全场高速完成动作的关键。

位移速度的训练方法如下。

（1）原地不同姿势的起跑（5~30米），如站立式、蹲踞式、侧身站，或半蹲、背向、坐地、俯卧、仰卧、原地踏步和跳跃等，听到信号后突然跑出。

（2）下坡和顺风跑。依队员和环境情况，采用不同身体姿势，听到信号后突然加速跑出。

（3）结合球的速度训练。有短距离的带球跑、插上带球跑、套边传球跑，以及两人追球跑后得球者射门等。

（4）以比赛性质有球或无球的短距离固定方向或不定方向的起动跑。

（5）以个人或小组形式的竞赛性接力或非接力的速度训练。

（6）计时性的测验跑。在30米内的有球或无球、固定方向或无固定方向、绕过障碍或不绕过障碍等测验跑。

2. 反应速度

反应速度是指对球、运动员、场地和其他物体的视线和触感做出快速反应

的能力。提高足球运动员反应速度采用的手段和方法如下。

（1）利用突然发出的信号提高运动员对简单信号的反应速度。例如，利用声音信号（如哨声、击掌声、呼喊声等）、视觉信号（如手势、球、灯光等）等信号来提高运动员对简单信号的反应速度。

（2）目标移动动作。这意味着训练运动员在运动水平上快速做出反应。一个足球运动员的反应应该有四个阶段：看球的运动和运动员的跑动信号、知道运动的方向和速度、选择一个人的行动计划（反应）、了解行动计划。反应时间越长，即第二个动作的时间越长，因为对球和运动员的跑动和速度评估的准确性将直接影响所选择的动作计划的准确性，所以第二个任务是训练的重点。

（3）选择练习。随着每个信号难度的变化，运动员必须做出相应的反应。例如，做与教练员相同的任务，或者观察教练员的工作方式有何不同，或者执行预先分配的任务，等等。反应速度训练应与眼球运动训练相结合，视觉体增强练习应与现场不同刺激所产生的动作相结合，以利于稳定的聚集转身，提高反应速度。还需要指出的是，在训练反应速度时，应该作为一种刺激来做。

3. 动作速度

动作速度是指运动员在场上快速完成某一动作或一系列综合动作的能力。

足球运动员的动作速度表现在爆发用力动作和系列动作的连接动作上，如踢球、掷球、起动、弹跳及身体与肢体的转动角速度等。

提高足球运动员的动作速度，主要在于提高其参与各种动作的肌肉爆发力和动作之间的衔接速度。只有通过各部分肌力训练和反复的快速完成各种技术练习，以及提高运动员无球和有球技术的熟练程度，才能在比赛中轻松自如、协调合理、高速度地完成各种技术动作。

（三）注意事项

（1）训练开始时，身体要充分活动开，尤其是下肢肌肉、关节、韧带等，以防拉伤、扭伤等。

（2）速度训练应在身体状态最佳、神经高度兴奋时，效果最好。

（3）速度训练时要求正确的跑动姿势和呼吸，因动作协调有利于减缓协同肌与对抗肌之间的矛盾，而正确的呼吸有助于提高心血管系统机能。

（4）针对性要强，除考虑个人特征外，还要考虑其位置需求的不同跑速、体姿。

（5）注意年龄段和性别，男孩7~14岁、女孩7~12岁是提高位移速度的敏感期。

训练时应把握好重心、步频的控制和要求等。

三、耐力训练

耐力体现了足球运动员克服疲劳的能力以及迅速恢复竞技状态的能力。

通常采用的训练法中对各种不同的耐力形式规定了不同的训练内容。对于一名职业足球运动员而言，下列耐力素质是十分重要的。

（1）有氧耐力是指运动员在训练和比赛期间，不断地再生竞技能力时所需要的一种耐力。

（2）无氧耐力是指当运动员与对手在10~60秒进行高强度的争抢时所需要的一种耐力。

（3）局部无氧耐力则是指运动员在15秒左右的时间内进行短暂却十分激烈的拼争时所需要的一种耐力。

提高耐力水平，需要经常进行有球训练，有针对性的跑步训练或身体训练。

（一）训练原则

1. 有氧耐力训练原则

分为持续法训练原则和轻强度间歇法训练原则。

持续法训练原则：

（1）强度：低/中为40%~60%。

（2）时间：25分钟以上。

（3）间歇：无间歇。

（4）距离：5000~10000米。

轻强度间歇法训练原则：

（1）强度：150次/分钟为宜。

（2）时间：30~40秒。

（3）间歇：有间歇但不完全恢复，一般脉搏恢复到120次/分钟为宜。

（4）次数：8~40次。

（5）组数：1组即可。

2. 无氧耐力训练原则

采用次大强度间歇法训练。

（1）强度：80%~90%。脉搏为180~200次/分钟。

（2）时间：20~120秒。

（3）间歇：不完全恢复，脉搏一般在120次/分钟左右。

（4）次数：12~40次。

（5）组数：1~2组。

（二）训练方法

1. 有氧耐力训练

根据有氧供能特征和训练原则，可以设计多种训练方法。

（1）长跑，如5000~15000米不同距离的跑步或越野跑等。

（2）定时定距跑，如12分钟跑或更长时间的规定距离跑。中国足协规定12分钟跑，平原要达到3200米、高原要达到3100米。

（3）5×25米的折返跑。

（4）结合技、战术练习的同时训练发展有氧耐力，如分组进行等人数的定时攻守训练等。

2. 无氧耐力训练

根据无氧耐力供能特征和原则，可设计多种方法训练运动员的无氧耐力。

（1）变速跑，走—慢跑—冲刺跑。

（2）多组的追逐跑。

（3）定时定距跑，如90秒完成400米距离跑。

（4）结合球进行综合训练，如快速的传接球、射门等。

（三）注意事项

（1）耐力训练是一项十分艰苦、劳累且枯燥的活动，因此，除对运动员加强敬业精神的教育，方法选择上也要注意趣味性。

（2）遵守循序渐进的训练原则。

（3）耐力训练一般应放在训练课的后半程。

（4）无氧耐力是建立在有氧耐力基础之上的，所以，一般在训练期的准备阶段应先发展运动员的有氧耐力。在青少年时期耐力训练是可以进行的，但应区别对待且要循序渐进。

（5）耐力训练后，除应加强医务监督外还应做好恢复训练。

四、灵敏训练

足球运动员的灵敏训练是提升身体素质和赛场表现的重要内容。灵敏素质对于球员能否快速、准确、及时地完成比赛任务起着关键作用。

良好的运动技能发挥与大脑神经系统的灵活性息息相关。因此有必要明确足球运动员对各种信号的反应、神经系统的快速响应和自身技术表现之间的关系，以此确定训练方向。从而提升球员的反应速度和在不同节奏、场景下完成任务的效率。

（一）训练原则

（1）强度：以中等和中等偏上为宜。这样可以使动作完成的轻松以及协调。

（2）时间：5~10秒。

（3）间歇：完全恢复或基本完全恢复。

（4）次数：5~10次为宜。

（5）组数：3~5组。

（二）训练方法

依据供能特征和训练原则，可选择各种形式、方法的训练。

（1）追逐比赛，如连拍肩部、背部、大腿等部位。

（2）5~7米绕杆往返"8"字形跑。

（3）钻爬各种障碍物。

（4）结合球进行训练，如带球越过等距、有序或无序排列的若干障碍物等。

（三）注意事项

（1）应在身体状态好和神经系统兴奋性高涨情况下进行为宜。一般安排在课的前半部分或结合准备活动进行。

（2）灵敏素质是多种素质的综合体现，同其他素质，特别是力量、速度素质均有依存关系，所以训练时应同其他素质（含有球或无球）结合进行，但侧重点不同。

（3）采用的方法、手段应多样化，突出比赛性、竞争性和趣味性。

（4）针对不同年龄段安排不同的比重，尤应格外关注青少年时期，研究表明11~12岁是发展灵敏度最好的年龄段。

五、柔韧性训练

柔韧性对于足球运动员进行技术动作，尤其是高难度技术动作时避免运动损伤发挥重要作用。足球运动员应密切注意伸展运动，以加强他们的小腿、膝盖和大腿肌肉，以及臀部、腹部和下背部肌肉。

柔韧性与年龄有着密切关系，年龄越大柔韧性越差。因此，柔韧性的发展应该从童年开始并随着常规训练的难易程度的降低而持续。简单训练有两种类型：静态扩展和动态扩展。

（一）训练原则

（1）强度：开始以中等强度为宜，最后可达80%以上。

（2）时间：每次可控制在10~20秒，时间不宜太长。

（3）间歇：完全恢复，可做积极性放松活动。

（4）次数：5~10次。

（5）组数：3~5组为宜。

（二）训练方法

根据其供能特点和训练原则，选择不同的方法。

（1）单人或双人的各关节体展练习。

（2）采用拉长肌肉、韧带、肌腱等部位的方法进行训练，如类似武术中的踢腿、下腰、涮腰、劈叉、压腿等。

（3）模仿或结合球进行训练，如大幅度振摆踢球、侧身凌空传、射倒勾踢球、跳起展腹头顶球等。

（三）注意事项

（1）应遵循循序渐进原则，一般不应急于超最大限度，以防拉伤。因此，必须做好准备活动。

（2）训练时应在身体状态较好无伤足球课情况下进行。

（3）应坚持经常训练，因柔韧性素质同其他素质相比，易发展也易见效，消退也快。

（4）从年龄段训练来看，年龄越小越易发展，故应坚持从小训练。

第三节　心理素质训练方法

足球受伤往往更危险，但教授足球运动时很容易忘记。在训练和比赛中，由于职业压力和情绪波动导致足球教练数量的增加，运动为运动员提供了更多的体力和精神力量。足球课程，称为体育足球教学。体育足球教练员是在长期的足球训练和比赛条件、激烈的比赛或极端天气条件下进行的，在业余学生运动员中很少见。根据足球的性质，我们需要注意足球训练和疾病的重要性，以及保健和预防方面的最佳做法。常见的足球学习症状包括：肌肉吸吮、高压力、高强度训练体、体力活动小便、心律失常、足球场上中毒性心肌炎、运动相关性贫血、运动相关疲劳、运动相关腹痛、训练暂停。以下是足球中一些常见的足球教学。

一、自信心、意志力和注意力的训练

实践表明，一名优秀的足球运动员必然具备良好的心理素质。其运动能力与智力、个性特征、训练和比赛中的心理状态、心理自我控制调节技能、社会心理特点以及心理障碍等存在密切关系。而对足球运动员来说，自信心意志力与注意力是成为优秀运动员必不可少的心理品质。

实践证明，一个好的足球运动员必须具备良好的心态。它的趣味性与知识、气质、训练和竞争心理状态、情绪控制和应对技巧、社会心理特征和情绪障碍有关。对于一名优秀足球运动员来说，自信心、意志力和注意力是基本的心理素质。

（一）自信心

测试表明，自信是顶级运动员的特质。因此，足球训练的主要目标是培养足球运动员的自信心。

现代足球运动的不断变化与发展，也促使足球运动进一步发展，其多样性、复杂性、变化性强的特点要求足球运动员在比赛中应具备良好的生理与心理承受能力，并经常受到胜负以及环境、社会等因素的影响。足球运动员自信心强，才能在复杂的运动过程中做出正确的判断与行动，从而促使比赛朝着积极的方向发展。

自信也是运动员的力量纽带。自信是建立在诚实的自我评估基础上的。通过清楚地了解自己的体能、情绪及未来训练和比赛的技术，将更有信心实现目标。教练员经常教运动员如何正确评估自己的优势，这是建立信心的好方法。

在组织训练程序时，教练员必须考虑反馈和激励技巧，让运动员在每个训练阶段之前"知道"成功，以增加每节课的成功机会，使他们自力更生。在大比赛前给运动员安排一些合适的比赛，这样球队才能打得好，比赛的信心也会增加。在肌肉训练的情况下，或者在输掉比赛的情况下，精确的度数原理测量和分析将帮助其从阴影中脱颖而出，获得良好的判断力及自信心。

（二）意志力

意志是一种有意识的调节形式，被定义为一个人控制自己行为的能力。意志力具有稳定、果断和控制的特点。

在足球训练和比赛中看到的获胜概念是短期目标与长期目标的结合。

坚定不移的热情确保了足球运动员必须保持挑战精神才能达到足球的顶峰。

确定完成训练和比赛任务的能力是一项重要任务。尤其是在瞬息万变的足球比赛中，不可预知的成败时刻会迷惑头脑和触觉来选择正确的动作。

意志力是足球运动员必须保持的一种欲望品质。在一场足球比赛中，只有通过纪律，运动员才能保持自己的行为，完全控制自己不受裁判员、观众、对手等因素的影响。

在足球训练中，教练员必须尽最大努力确保足球运动员能够克服与特定目标相关的挑战和障碍，并有能力加强和发展自己的最佳素质。我们应该设定训练和比赛的目标，不要把目标定得太高或太低，除非运动员愿意增加强度。

（三）注意力

在足球运动中，注意力的品质包括注意力的范围、稳定性、转移和分配。

足球运动员在执行进攻与防守配合的技术任务时，必须时刻感知场上局势的动态变化，准确判断对手的战术意图与队友的协作需求。这种注意力的分配与足球运动员的职业素养紧密相关，是比赛中做出快速决策的关键基础。

增加和提高以下足球运动员的注意力：①学会观察，将注意力从球转移到地面，将窄屏扩大到宽屏；②在困难的情况下，对运动员进行意识引导；③在赛前困难的精神状态下，改变注意力，纠正比赛前的过度激动，或集中对比赛不感兴趣的运动员的注意力，使用适当的技术来提高控制力。

二、足球比赛的心理状态调控

（一）赛前的心理准备

研究资料表明，赛前心理状态的好坏，直接影响运动员技战术水平的发挥。

赛前运动员的心理状态可分为以下几种：过分激动状态、赛前淡漠状态、赛前盲目自信状态和最佳战斗状态。前三种状态都需要合理的方法进行调整。赛前运动员的心理状态的调整方法主要有以下几点。

1. 明确比赛的任务与目标

目标的制定既有利于发掘足球运动员的潜力，又能使其接受。

2. 增强运动员取胜的自信心

对于足球运动员来说，自信心是取得成功的重要基础。足球运动员应对比赛可能遇到的不利因素有足够的思想准备，通过认知训练帮助运动员正确评估彼我双方的力量，培养足球运动员敢于竞争与拼搏的精神，以良好的心理状态投入比赛。

3. 使运动员的情绪趋于最佳状态

对各种不利于比赛的情绪，运用心理调节训练的手段进行针对性调节，使运动员的情绪趋于最佳状态。

4. 激发运动员良好的比赛动机

调动运动员渴望参加比赛的积极性。但是还应当注意其动机过于强烈或注意力过分集中，都会导致精神紧张而影响技战术水平的发挥。

5. 分析状况

对足球比赛中的行动和思维程序进行表象演示，熟悉战术实施要求，分析可能遇到的困难与对策。

6.赛前心理准备工作

做好赛前刺激水平的最佳控制和赛前适当调整心理状态是敏捷性高、胆小、注意力不集中运动员赛前心理最重要的两个方面。

（1）赛前激动：由于缺乏竞技经验、自律和调整能力差导致大脑过度刺激、竞技投入度高、期望值高，这种形式的难点是保持热情和乐观以及发展球员的能力所需要的水平。控制自己分心的能力。可以通过解释疗法、放松训练和催眠等方法来克服。

（2）赛前淡然：感觉情绪低落、抑郁、缺乏自信、缺乏比赛意愿、疲劳和冷漠。当然，这是因为运动员疲劳、不健康的足球课、激烈的竞争、太多的问题和心脏病。干预活动包括采取积极性、敏捷性、良好的语音信号、对比训练、赛前热身和赛前准备，以提高在比赛中的注意力和敏捷性。

（3）盲目自信：往往低估了比赛的风险和困难，当比赛输掉时，精神、耐心、焦虑就会减少，因此不会改变主意。预防性任务包括激发运动员的思维和态度，赛前精心准备，仔细评估双方的优势和劣势，以及以清晰的思维进行比赛的机会。

（二）赛中的心理控制

比赛时，主观和外部环境的各种刺激都会对足球运动员的心理稳定性产生一定的影响。

有良好的心理稳定性是足球比赛取得成功的保证。生理因素、刺激因素、认知因素对足球运动员的情绪和情感都会产生一定的影响，其中认知因素起着关键性的作用。

1.生理因素的影响与调控

在很大程度上，情绪受植物性神经系统的机能水平、内环境的平衡、骨骼肌的紧张程度以及疲劳等因素的影响。而心理调节手段是对生理内部的刺激压力进行控制的有力手段。

2.刺激因素的影响与调控

如观众、比赛环境、气候条件都会直接或间接地通过感官刺激足球运动

员，从而影响其情绪。降低足球运动员对外界刺激的感受性，使注意力集中在技战术运用上，是提高运动员在比赛中心理稳定性的有效手段。

3. 认知因素的影响与调控

一般认知因素来自大脑的各种中枢信息，特别是对过去经验的回忆。如受失败的不良情绪的影响，比赛时足球运动员表现出焦虑和急躁。用积极的想象来抵御消极的想象，是控制认知因素影响的重要方法。

临场遇到情绪波动甚至恶化时，一般可采用以下简易方法。

（1）呼吸吐纳调整法。加深呼吸的深度，调匀呼吸的均匀度，使呼吸进入一个悠、缓、深、细、沉的境界，尤其强化腹式呼吸，效果更明显。

（2）语言暗示法。自我暗示或同伴、教练员暗示皆可，如"镇静，放松""现在感觉很好""可以！继续进行""没关系，再努力一下"等。同时，闭目、静观、调整呼吸，效果则更佳。

（3）转移注意法。暂时不想失利的过程，转而思考其他愉快的体验，使紧张的情绪得到暂时的宽松和调整，也有利于情绪的稳定。

（4）自我训练法。发现过度紧张可通过常用的身体活动来缓解。如做扩胸运动，轻微活动膝—腿—脚踝，配合深呼吸，能有效缓解紧张情绪。

（5）闭目静坐法。在中场休息时，闭目静坐，听自己的呼吸声，让脑中繁杂的念头暂时排除。继而想象自己内部身体的感觉，经脉畅通，如甘露由上洒下，遍身清凉透彻。既可排除各种因素的干扰，也可迅速使情绪平静下来。

（6）肌肉松弛法。采取按摩使肌肉放松，尤其肩、颈、背的放松，有助于消除心理紧张。临场可因地制宜，灵活应用适宜的方法，有时两三种方法同时应用效果更好。

（三）赛后的心理调整

足球运动员的情绪对比赛结果的影响要么是正面的，要么是负面的。因此，教练员需要通过遵循必要的纠正技巧并将消极变为积极，帮助运动员在赛后培养一种心态。在赛后组织一次强有力的休息、为运动员提供心理咨询、改善态度、回顾成功和失败的经验以及学习解决消极问题和鼓励积极态度，是心理治疗的重要组成部分。

（四）主客场制赛事的心理状态及调整

如今，国内和国际比赛的难度越来越大，职业足球俱乐部之间的年度比赛成为地方和国家体系的一部分。然而，从与技能和战术表现相关的心理因素的有效性的角度来看，情况并非如此。从这个角度出发，国外心理学家利用案例历史的方法，分析收集了1924—1982年第59届美国棒球全运会的记录，同时也分析了胜负数与主队和国家队之间的关系。同样，第16届美国足球协会收集了1967—1982年的全国锦标赛记录。

研究结果表明，首轮主队胜率较高，但在复赛阶段，主队胜率较低，而在最后阶段，主队的表现更差。通常情况下，主队获胜的概率低于50%。由于地域关系和关系质量最初会转化为心理压力，观众的高期望增加了运动员的心理压力，因此发生了变化。事实上，主队的优势在时间、空间和人员方面更加明显，尤其是在观众的支持和压力下以及调解员的法律权威下，而且观众是优秀的。

总结分析：第一，主队在面对稳定对手及关键比赛时，更易克服"想赢"与"怕丢球"的心理压力。队员需精准评估两者的相对优势，通过调整场上位置、聚焦技术要求与具体需求（而非过度关注比赛结果）来优化状态。同时，需正视比赛中需克服的挑战，以积极意图投入赛事。此外，若要解决工作与休闲的互动问题，可参考封闭式管理模式，而在此过程中，知识渊博的家人及朋友的参与度通常最低。第二，新队必须避免观众干扰和调解失误的影响，调整因生活方式、地域变化而导致的身体疼痛，整理自己的生活方式，快速消除旅行疲劳，能够参与比赛，增强体力和精神力量。

三、训练心理素质的方法

（一）集中注意力训练

足球运动员约束、强制自己全神贯注于一个明确的目标，不因杂念分散

注意力是集中注意力训练的目的。意愿的强度、意愿的延续性、注意力的集中强度和集中的延续四个方面组成了注意力集中的能力。培养集中注意力能力的方法如下。

（1）锻炼集中注意力的能力，采取意守某一点的气功练习或视觉、听觉守点的练习。

（2）足球运动员心理过程中将感觉专注于某一点并达到忘我的情境，有利于培养练习比赛中专注的能力。

（3）听技战术要领，观看技战术后进行复述练习，养成足球运动训练中集中注意力的习惯。

（4）教练员用提示语、警示语培养队员集中注意力的习惯。

（5）日常训练中注意排除各种心理干扰因素的影响，避免练习中的情绪波动。

（二）自我暗示训练

自我意识的目标是通过积极的自我意识、自我诱导和放松来进行心理健康教育。自我暗示用思想和语言来控制和维持自己的行为，调节情绪，消除焦虑、抑郁等负面情绪，增强自信，提升力量。

（三）放松练习

放松练习是通过胸部和呼吸来放松全身的肌肉。"外松内静"将帮助足球运动员放松肌肉，清醒头脑，减轻大脑压力，帮助他们克服障碍或安抚他们烦躁的情绪。

（四）念动训练

念动训练，也称为动作表象训练，是从运动员大脑中去除旧运动图像的任务。运动员在足球比赛前进行技术或技术任务的视觉体验可以增强运动器官的激活，从而更好地完成技术和战术任务。

（五）心理反馈训练

心理反馈训练是一种将生理数据实时反馈给个体，使其能够直接观察到自己身体反应的方法。通过视觉或听觉反馈，个体能够直观地认识到自身紧张或放松的状态，并尝试通过意识控制调整这些状态。例如，运动员在训练、比赛中遇到困难，心率过快时，通过深呼吸等方法降低心率，重复练习减轻应激，同时要观察反馈信号的变化，从而增强自我心理调节能力。

（六）模拟训练

模拟训练采用实战心理训练技术，根据比赛情况组织训练。模拟训练有助于适应不同竞争情况下的竞争环境，以达到最佳的竞争水平。比如适应对手的技术特点和技巧，适应对手比赛的偏好等。

第四节　足球运动中常见的运动性疾病

足球运动中创伤性疾病的危害往往较大，而运动性疾病容易被忽视。在训练和比赛中，运动负荷超过了运动员所能承受的生理、心理限度，引起机能紊乱和病理变化而导致的各种疾病，称为运动性疾病。

运动性疾病往往在长时间、高强度的足球运动训练和比赛状态下，或者在极端气候条件下出现，一般在业余学生运动员中较少出现。根据足球运动特点及实际情况，也应重视发生率较高的运动性疾病，做好保健和预防工作。

常见的运动性疾病有：肌肉痉挛、过度紧张、过度训练、运动性尿异常、心率失常、病毒性心肌炎、运动性贫血、运动性腹痛、运动性中暑、停训综合征等。在这里我们主要介绍几种足球运动中常见的运动性疾病。

一、肌肉痉挛

（一）症状和机理

肌肉痉挛，也称为抽筋，与非强直性肌肉的不自主肌肉收缩有关。腓肠肌和小腿腘绳肌扭伤在足球运动中很常见。肌肉痉挛时，局部肌肉变硬或肿胀，引起剧烈疼痛，与肌肉的收缩和伸展功能关联较小。痉挛缓解后，该部位的疼痛仍然存在。

疲劳是指肌肉收缩，是指肌肉不能随着肌肉松弛而收缩。钠离子和钙离子的消耗与肌肉组织的激活和收缩有关。乳酸的积累使身体细胞保持活跃。冷刺激、肌肉损伤和局部出血导致肌肉因肌肉刺激较弱而僵硬。

（二）现场处理

1. 牵引痉挛肌肉

一般性的肌肉痉挛只要反方向牵引，便可缓解或消失。当大腿后群肌、小腿腓肠肌痉挛时，尽可能伸直膝关节，用力将踝关节充分背伸，慢慢拉长痉挛的肌肉，切忌用力过猛造成肌肉拉伤。

2. 按摩与针灸

通过推拿、按摩、揉捏、重力按压穴位以及针灸治疗方法，能有效促进肌肉的血液循环，解除肌肉痉挛，增强肌肉的功能，同时还可以消除肌肉的疲劳和酸痛。

3. 药物疗法

口服含有钠离子、钙离子，镁离子丰富的运动饮料和食物进行矿物质补充；口服维生素E和葡萄糖酸钙，使肌细胞兴奋性降低，同时维生素E能促进毛细血管和小血管的增殖，增加血流量。

4. 浅部的冷疗和热疗

痉挛后可对对抗肌中过度兴奋的肌肉进行冷却，以降低肌张力、缓解痉挛；中性温度（机体深部的组织温度约40℃）的浅部热疗，可降低运动神经元的兴奋性，从而以局部抑制手段缓解痉挛。但千万不能整体受热，比如进行热水浴，会加重痉挛症状。

二、运动性腹痛

（一）症状和机理

运动性腹痛与在足球训练和比赛期间由于体能训练或足球而出现的腹痛症状有关。更严重的是肝脾出血、腹腔出血和膈间隙出血。

剧烈运动时，骨骼肌血管扩张使血流量增加，胃肠道血流量减少80%；氧气摄入量是运动能力的70%，而内脏血流在休息时仅为30%~40%，因此肠道的血容量减少，导致肠道蠕动受损。此外，呼吸困难和缺乏节律会增加胸腔内压力，阻碍下腔静脉和肝脏及骨骼肌的回流，导致肝出血和腹痛、恶心。

（二）现场处理

在足球运动中出现腹痛时，要先了解腹痛的性质和部位，通过腹痛的部位与当时的运动强度关系，来判断是疾病引起，还是相关生理原因引起。原发疾病引起的情况较少，但不能掉以轻心，对于患胃肠或其他内脏器官疾病者，愈合前应避免足球运动。大部分情况还是由于热身运动不充分，或者运动强度过大引起。此时，应立刻降低运动强度，调整呼吸和动作节奏，使疼痛缓解直至消除。如果无效可以用手按压疼痛部位，若疼痛反而加重，则应立即请专科医生诊治。

三、运动性中暑

（一）症状和机理

当踢足球产生的多余热量超过身体散热的能力时，就可能发生运动性中暑。运动性中暑与一种极端高温有关，在夏季足球训练和比赛中尤为常见，伴有大量出汗、腹部无力和严重的头晕。

人体温度为36.5 ± 0.7℃。人体下丘脑平衡产热和散热的需求以维持体温，从而调节肌肉张力、血压和汗腺活动。除了身体氧化代谢的原始热量外，肌肉收缩产生的热量是另一个重要来源。在常温下，人体内的热传递主要是辐射，包括传递、旋转和蒸发。随着外部空气温度升高到皮肤温度以上，人体热量通过汗液和皮肤表面的蒸发散失。如果体温将上升到40℃以上，导致体液严重流失，从而导致肌肉损伤、身体损伤和器官功能损伤，这可能会导致一系列热损伤。

运动性中暑可分为热射病、日射症、热痉挛和循环衰竭四种类型。

热射病是发生在高热环境中的一种急性病。运动时，如果天气温度和湿度较高，且不流动，体内产热较多，散热就会受到影响，热量在体内大量积累，造成体温大幅升高，水、盐代谢出现紊乱，严重影响体内的生理机能以及中枢神经系统的机能活动。

日射症是由于阳光直接照射头部而引起的机体强烈的反应。

热痉挛是运动中机体大量排汗，失水失盐过多以致电解质紊乱，发生的肌肉疼痛和痉挛。

循环衰竭是由于运动失水过多，使血容量减少，如果心脏功能和血管舒张调节不能适应可导致循环衰竭而发生中暑。

（二）现场处理

1. 物理降温

立即将患者移至阴凉处，解开衣服，有条件的情况下用凉水擦浴，可在头部、腋窝、腹股沟处放置冰袋，并用电风扇吹，以达到迅速散热的目的。

2. 药物降温

通过静脉补液，对人体滴注氯丙嗪，以调节体温中枢功能、扩张血管、松弛肌肉和减少氧消耗，协助物理降温。

运动性中暑的处理，最主要的是及时降温，消除水、电解质紊乱以及保护心、脑、肝、肾等重要器官。另外要注意重症中暑者，其往往有多器官并发症的临床反应，需高度重视，立即送往医院做进一步的专业医治。

第五节　足球运动员所需的营养物质

竞技体育对运动员的体力和体质有更高的要求。没有科学指导和简单的肌肉训练、没有营养支持的训练将阻碍运动员在比赛中取得成功。正确使用营养技术和保健品可以帮助运动员的身体适应力量训练和竞技比赛，同时在训练和比赛中保持良好的体能。

这里的营养是指人体从外界吸收身体所需的化学物质，维持足球运动员所需的营养，加强足球运动员的身体健康，提高他们的比赛能力。足球运动员的适当营养是指在高强度运动中训练和比赛所需的液体、营养物质和能量化学物质，也可以指在参加不同体位的足球运动的不同部位时所需的适当补充，包括食品补充剂和食品。

一、膳食与足球运动

营养素指碳水化合物、蛋白质、脂肪、维生素、矿物质、微量元素、膳食纤维和水，每天通过食物进入人体。杂食是人类通过进化所形成的习性，这一习性有助于人类从多种多样的食物中获得营养素。早在2000年前的《黄帝内经》中就提出"五谷为养、五果为助、五畜为益、五菜为充"的食物分类方法。根据我国的民情风俗，一般将食物分成五类。

1. 谷类

小麦、大麦、水稻、玉米、小米、燕麦和黑麦。谷类有人体所需的碳水化

合物和蛋白质。

2. 蔬菜和水果类

蔬菜为身体提供多种矿物质和微量元素，包括钾、钙、镁和铁。海藻还含有丰富的碘。水果类具有独特的色、香、味，它们可以提供维生素C，像蔬菜一样，所含纤维可以帮助增加肠道蠕动，非常适合加快排泄人体内的有毒物质。

3. 鱼、肉、禽、蛋类

鱼类包括淡水鱼和海鱼，以及白鲑和螃蟹。大多数淡水鱼的结缔组织和胶原纤维含量低，易于食用；海鱼脂肪多，碳水化合物含量高。

肉类通常含有不同程度的脂肪和胶原纤维，为人体提供多种氨基酸、优质的蛋白质，以及一些矿物质。人体内的酶很容易消化，对人体的新陈代谢也有重要影响。

禽类的蛋和肉一样含有较高的营养价值，由于是禽类的胚胎，含有人体必需的各种营养，是最方便的天然食物，适合多种人群。

4. 奶类和豆类

乳制品主要由牛奶和其他动物奶制成，如奶酪、酸奶、奶油、黄油和奶粉。牛奶通常是人体优质钙的主要来源。对于处于快速生长发育期的青少年来说，乳制品对于骨骼的正常发育至关重要。豆类包括芸豆、青豆、大豆和花生。大多数豆类都含有植物蛋白和油脂。

5. 油脂类

油脂是油和脂肪的复合词。常温下的液体称为油，固体或半固体称为脂肪。脂肪是人体必不可少的组成部分，可以作为重要储能物质。

正常人和足球运动员在饮食的基本结构上没有显著差异，只是大小与特定营养素摄入的比例不同，如图5-1所示。

在图5-1中，以体重70千克为例，足球运动员通常在膳食中增加谷类用于更多的能量消耗；蔬菜类、水果类及饮料的增加，用于补充更多营养素，满足补充体液和调节人体物质代谢的需要；增加肉类、奶类等，是为了补充在足球运动中流失较多的蛋白质等。

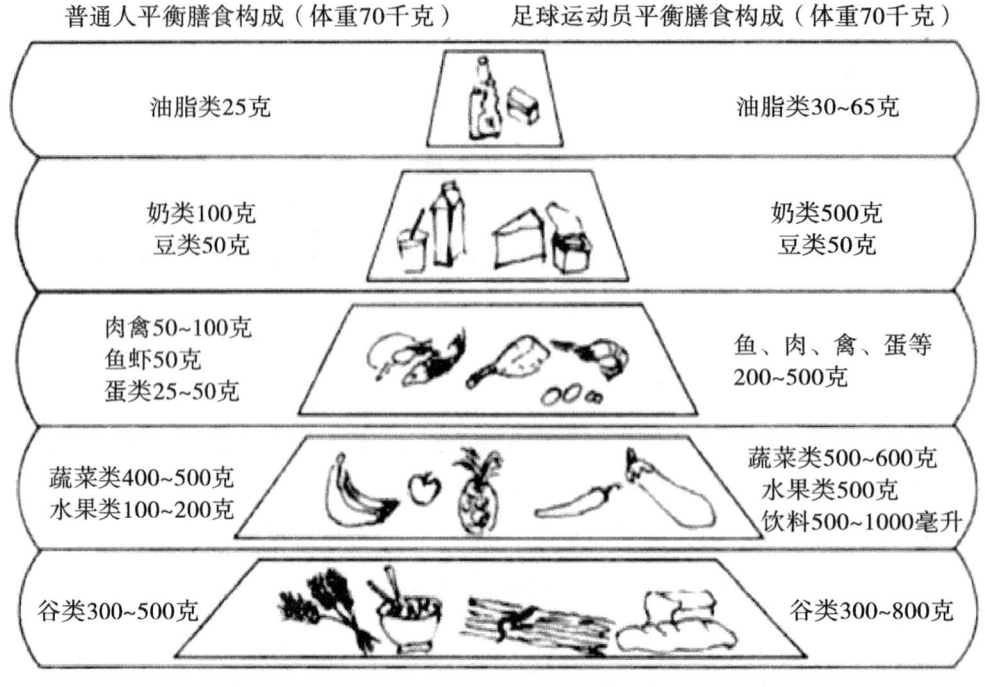

普通人平衡膳食构成（体重70千克）　　足球运动员平衡膳食构成（体重70千克）

油脂类25克　　油脂类30~65克

奶类100克
豆类50克　　奶类500克
豆类50克

肉禽50~100克
鱼虾50克
蛋类25~50克　　鱼、肉、禽、蛋等
200~500克

蔬菜类400~500克
水果类100~200克　　蔬菜类500~600克
水果类500克
饮料500~1000毫升

谷类300~500克　　谷类300~800克

图5-1　普通人与足球运动员每天平衡膳食比较金字塔

二、运动的能量物质及补充

（一）三大运动能量物质

碳水化合物、脂肪和蛋白质被认为是三种最重要的成分，足球运动员对于三者需按一定的比例摄取。碳水化合物是最好的能量化学物质，可以刺激肌肉收缩和恢复，三种能量化学物质的联合改善了神经和肌肉之间的联系，为运动员完成足球中的各种技术任务和战术提供能量。

1. 碳水化合物

碳水化合物包括葡萄糖。葡萄糖具有单一的分子结构，随着人体胰岛素的积累，它会迅速进入血液。葡萄糖由于是运动的主要燃料，受到包括足球运动员在内的剧烈运动参与者的重要关注。相当于消耗1升氧气，碳水化合物可以产生5大卡的能量，而脂肪只能产生4.7大卡。另外，有氧糖酵解会产生更多的

三磷酸腺苷（ATP），反应速度更快。但是，由于碳水化合物不以脂肪和蛋白质的形式储存在体内，因此足球运动员如何增加碳水化合物成为一项重要的技能。

2. 脂肪

脂肪是体内强大的燃料，但它不是一种很好的能量化学物质，因此高脂肪饮食对足球运动并没有真正的帮助。足球运动员需要吃大量的脂肪来保持良好的能量和营养。在足球比赛中，通常超过30%的热量来自脂肪。维生素A、D、E、K也应包含在脂肪中。一些人体不能合成的脂肪酸必须适时补充。人们认为，有氧运动的时间越长，强度越低，燃烧脂肪的潜力就越大。选择足球和长时间的高强度运动来燃烧脂肪。

3. 蛋白质

一旦蛋白质被人体吸收，它们就会转化为氨基酸，从而产生身体所需的特定蛋白质。它还可以提供力量，创建所需的碳源。

（二）能量物质的补充

1. 能量物质消化吸收的时间

能量化学物质通常来自食物，需要健康的饮食习惯才能使食物充分分解。食物从口腔进入，首先进入胃部，2小时内消化吸收。水在胃里只停留10分钟；小肠是食物颗粒被消化并在胃中停留2小时的地方，对应胃的消化过程，进入小肠吸收残渣，进入大肠再吸收，停留时间平均30小时，纤维越少停留时间越长。力量训练和足球比赛只能在饱腹的情况下进行。

2. 能量物质补充的策略

（1）运动前、后要补充足够的能量物质

运动需要消耗大量的能量，因此运动前应提前补充足够的能量物质，但不建议立即进行剧烈运动。体育锻炼后，有些人想通过减少能量消耗来减肥，但这种减肥方法是基于瘦体重。不推荐低热量饮食，因为低热量饮食同时减少了需要的其他营养物质的摄入，特别容易增加心率。

（2）能量补充的时机

在足球场上，奔跑和拼搏消耗体力，下午或晚上踢球，踢完球后吃东西。能量消耗可以从人体中带走大量能量，从而让足球运动员拥有相同的能量水平。运动后慢慢吃有利于减肌增脂。个人的血糖在饭后立即上升，并在3小时后稳定并下降。所以可采用少量多餐的饮食办法，既解决能量物质摄入不足，又解决能量物质摄入过剩的问题，只要保持血糖水平相对稳定，人体供能系统就会稳定。

（3）合理安排早餐

我们应该知道早餐对人体一天营养摄取的重要性，在充分重视早餐的饮食品质前提下，根据血糖水平在3个小时内会升高或者下降的生理现象，对早餐分两次进餐。第一次按正常早餐时间（上午8点前）进餐，第二次则在10点左右摄取。至于午餐和晚餐，按正常时间执行，这样能较好地避免白天急剧的能量不足和能量过剩，不但能改善运动员营养物质的摄入，更能提高其精神和运动能力。

（4）液体补充

足球运动员的长时间、大强度的运动，必然会失去大量的体液，体液不是直接的能量物质，但在运动过程中，几乎所有热消耗都源于汗液蒸发，同时肌肉需要更多的血流量来传送营养物质和清除新陈代谢的副产物。一般人一天大约损耗0.5升水，而进行足球运动的运动员，一般每小时损耗约1升水。当然，在炎热和干燥的天气里会达到2升。根据水分在人体胃部停留15分钟的规律，可采用每15分钟饮用200毫升左右的液体的策略；对于大运动负荷后流汗较多的情况，建议摄入含钠6%~8%的液体，当然液体可以是白开水、茶水、果汁和碳酸饮料，根据各人的口感、爱好而定。

三、合理的营养及其对足球运动员的作用

（一）合理营养的基本要求

1. 热量平衡

人体与外环境不断进行物质交换，必须消耗饮食中的所有卡路里、大部分

碳水化合物、脂肪和蛋白质。运动员要进行训练、比赛和各种活动，对热量需求最大，即在正常情况下运动员的饮食要长期保持均衡。

2. 摄入的比例适合

足球运动员摄入的蛋白质、脂肪和碳水化合物的比例按重量比应为1：0.8：4。

3. 充足的维生素、无机盐与微量元素

人体不生成维生素、无机盐和微量元素。体力活动期间，肌肉变得更强壮，组织再生增加，维生素利用率提高。同时，训练增加线粒体、酶和功能性蛋白质，增加对维生素的需求。此外，运动中的劳累会加速汗液中水溶性维生素的释放，尤其是维生素E。无机盐不能在体内产生或消除，因此，应通过饮食补充维生素、无机盐、微量元素。

4. 合理的膳食制度

饭后不要立即运动，最好2小时后进行。不建议剧烈运动后继续进食。剧烈运动后立即进食，不但影响食欲，而且不宜消化。运动员需要均衡、丰富的饮食，避免暴饮暴食。一日三餐的分配要合理，早、中、晚的比例应为30%、40%、30%。

（二）合理营养对足球运动员的作用

合理营养可以为运动员提供适量的能量。饮食不能代替遗传和训练，但营养和科学训练的结合可以显著提高运动成绩。提供正确的营养并不能保证运动员在比赛中达到最高水平，但可以增强运动员的表现能力。当我们踢足球时，身体承受着强烈的身体压力，会发生许多变化，例如能量消耗、神经活动、酸性代谢物的积累等。这些压力会使身体对各种营养素的需求增加。

合理营养为足球运动员提供运动时的能源物质，并保证能源物质合理、良好的利用。足球训练、比赛时间长，强度大，热能消耗多。如无充分可利用的能源物质，就不能满足合成ATP速率的要求，影响训练和比赛结果，因此要摄取含糖丰富的食物，以保证体内有充足的肌、肝糖原储存。能源物质在供能时

需要一系列的代谢过程，需要酶的催化，而维生素和微量元素是构成酶的主要成分，轻度缺乏便会影响运动能力，因此需要及时补充。

合理营养可减轻运动员激烈运动时的疲劳程度，延缓疲劳的产生。

合理营养有助于足球运动员运动后的恢复，运动能力恢复之一是指提高机体的代谢能力，包括肌、肝糖原的储备，关键酶的浓度，即维生素和微量元素的补充，内环境的稳定等。这些与代谢相关的因素的恢复主要靠合理的营养才能恢复。

四、足球运动员的特殊营养

足球、排球、篮球等重大球类比赛，要求球员具有爆发力和耐力，以及以极快的速度跑、跳、摔的能力，同时，身体活动强度的变化，创造了一种独特的现象。过去没有关于足球运动员饮食的详细信息，但研究表明，足球运动员的碳水化合物饮食需要大幅度改善。此外，对磷酸肌酸的依赖过多会损害运动，这意味着需要消耗更多的蛋白质来产生所需的肌酸。

（一）足球运动员的膳食及营养物质的平衡

在足球训练和比赛之前、之中和之后摄入富含碳水化合物的食物可以减少运动员的疲劳。训练和比赛前3小时需要简单的高碳水化合物饮食。运动时，有足够的时间补充运动饮料（如果条件允许，每15分钟补充一次）。运动后应该增加含糖食物帮助身体补充糖原，帮助更快地消除疲劳，同时一个人的体重会在24小时内恢复正常，补充其生存所需的水分和营养。

足球运动员训练期间碳水化合物（糖）、蛋白质和脂肪的最佳量应指定为总膳食量的60%~70%、12%~15%和20%~30%。还要获得足够的水、维生素和矿物质。目前的研究发现，足球运动员的膳食中蛋白质和脂肪含量很高（分别占所有"购物车"的20%和40%）。低碳水化合物饮食，仅占总碳水化合物的40%，钠盐和胆固醇含量高，对增加体液不感兴趣。饮食中的维生素B_1含量很少，平均只有0.9~1.8mg/d。上述问题与饮食中脂肪过多、必需营养素、水果和蔬菜摄入不足以及食用油过多有关。这种饮食不利于足球运动员保持健康的身体。

（二）营养补充的误区

一是仅重视比赛期间的营养摄入，却忽略了训练期长期且规律的营养补充；二是错误认为训练的目的是制造运动性疲劳，企图通过疲劳积累促使运动员机体产生超代偿。从而提高体能。营养品的使用会造成疲劳的过度恢复，从而达不到增强体能的目的。教练员如果不纠正这两方面的错误认识，很难取得满意的训练效果，甚至适得其反。要使运动员体能和运动成绩提高，必须要有训练后的疲劳。正如人们常说的："没有疲劳的训练是无效的训练。"但是并不等于有了疲劳就会有能力的提高，因为体能改变的发生原理是机体的"超代偿"过程，也就是我们训练学上所说的"超量恢复"过程。

第六节　足球运动科学研究内容

足球科学研究是用科学的方法来考察足球演变发展的过去、现在和客观规律。它是各级教师和教育工作者工作的重要组成部分。

从事足球科学研究的教师和教练员，可以利用足球规则来指导足球练习，增加运动员训练知识。因此，加强足球科学是提高和发展足球水平的重要环节。

在足球科学研究中，必须坚持精准溯源、立足实践、数据准确可靠、结论严谨客观的原则。

通过科学研究的实际应用，教师和教练员可以综合自己的经验和教训，拓展自己的思维，提高自己的足球教学水平。

一、足球运动科学研究工作的意义

当前的足球竞争激烈，队员的技术和艰苦的训练决定了比赛的成败，也引起了许多国家的关注。例如，近40年来，德国的足球一直处于国际领先水平，曾获得三届世界杯冠军、三届亚军、三届季军。"科技加科学"是德国成功的关键。

1960年，我国在足球训练中实施了"三从一大"的训练计划。

当时大部分科研人员到各个组进行监测活动和研究，并取得了积极的成果。可见，足球科学研究对于提高足球发展水平和竞技水平发挥着重要作用。同时通过对足球工作人员的研究和分析，可以丰富他们的思维，提高他们对足球的认知和教学与训练水平。

二、足球运动科学研究的内容

足球运动科学研究的内容十分丰富，大致可以分为以下几方面。

（1）竞技能力决定因素方面的研究。

决定足球运动竞技能力的因素有技术、战术、形态、机能、素质、心理和智力等。它们是足球运动科学研究的主要内容。一般包括以下具体内容：①早期选材；②文件制定；③不同年龄阶段训练特点；④不同性别训练特点；⑤运动负荷；⑥训练方法与手段；⑦比赛意识；⑧检查评定；⑨历史、现状和发展趋势；⑩赛前训练的内容安排；等等。

（2）情况信息的研究。

（3）运动营养的研究。

（4）运动后的消除疲劳与身体恢复的研究。

（5）规则、裁判法方面的研究。

（6）竞赛制度、编排的研究。

（7）运动仪器、辅助器材的研究。

（8）教练员的研究。

（9）足球运动队伍管理的研究。

三、足球运动科学研究的形式

足球运动科学研究的形式多种多样，常用的有以下几种。

（一）文献综述

文献综述是研究人员在阅读了职业足球书籍和其他出版物等多篇文献后，对他人的观点和意见进行了总结、整理、收集和分析，进一步探讨这个问题，深入写的一篇评论文章。

文献综述的形式为引言、正文、小结等。

撰写文章评论是一种快速简便的足球科学研究形式，也是独立研究的一种很好的输入方法。写作的原则是不要抄袭原文，用自己的想象力和逻辑推理形成自己对问题的看法。

（二）专题文章

独立研究，深入分析和定义一个足球问题。写这样的文章需要专注主题，以便深思熟虑、清晰、合乎逻辑和有说服力。

这类文章没有正式的格式，但是深入研究分析的选题值得关注，这样可以很好地阅读，避免冗长的讨论。

（三）经验总结

经验总结是依据一个队的教学、训练、比赛、管理、选材等工作，在认真回顾和调查研究的基础上，撰写出反映实际工作的新问题、新经验，总结出规律性的东西。这种经验总结具有较强的针对性和指导性，值得推广，供有关方面参考。

（四）调研报告

调研报告是对当前足球训练工作和大型足球比赛中的主要问题，进行全面深入的调查研究，以揭示问题的实质和真相，以及以探讨其发展规律为目的的一种常用文体的科研形式。

调研报告题材广泛、内容不限。通过大量事实的调查，经过科学的分析，探索其规律，可对指导足球训练和比赛实践提供参考依据。

（五）论文

论文是指对足球运动领域中的某些问题，进行专题分析研究和科学论证，从而指出这些问题的本质特征及其客观规律。它是足球科研工作的最高形式。

教练员和科研人员，对足球运动的理论和实践中的某些问题进行深入而系统的专题研究。在研究过程中，采用适合的研究方法，取得可靠、准确的资料，并用辩证唯物主义观点和专业理论知识对此进行分析和论证，揭示所研究问题的本质及其规律，从而得出正确结论，达到指导足球实践，提高足球运动技术水平的目的。

论文应包括论点、论据和论证三部分，要求概括、准确和精炼。论文应做到层次分明，有严密的逻辑性和科学性。

论文格式大致可分为五部分，即：①选题依据；②研究对象与方法；③研究结果与分析；④结论与建议；⑤主要参考文献。

四、足球运动科学研究工作的程序

足球运动的科学研究工作大致可分为以下几个研究程序。

（一）选题

进行科研工作首先要选择和确定研究题目。选题一般应遵循以下三个原则。

（1）价值性原则。确定课题时要选择有价值的课题，"创新"是科研选题的重要特点，有创新才意味着有价值。另外，还要考虑课题的科学性和社会需要性。

（2）可行性原则。选题不能脱离主客观条件，要考虑到研究者的知识基础、能力、条件、设备等因素。

（3）亲和性原则。研究者应选择所熟悉领域内感兴趣的课题。

上述三个原则是相互关联、相互制约的统一体，是选好课题的基本保证。

选题的好坏直接影响着整个科研工作的成败，因此选题时应注意：

（1）题目应具体明确，能反映文章的研究内容，做到文题相符。

（2）应从实际出发，充分考虑研究者的研究能力和客观条件，确保研究工作的可行性，不要贪大求全、好高骛远。

（3）选题要考虑到题目的现实性和时间性等客观条件。

（4）要考虑到科研成果的实用价值，要能指导和解决当前足球运动中的

有关问题。

足球运动科学研究工作的选题有几个途径。

（1）从学习阅读文献资料、书籍中发现问题，提出问题。

（2）从足球运动实践中发现问题、提出问题。

（3）向有经验的教师、教练员和科研人员虚心请教，启发自己的思路，发现问题，提出问题。

（二）制订研究工作计划

制订研究工作计划，既可以保证科研工作有条不紊的进行，又可以按计划检查工作进展情况。

科研工作计划，一般可分五个阶段，每个阶段的工作任务、内容等如下。

定题阶段：①调查方问；②阅读资料；③确定研究题目。

收集资料阶段：①阅读、收集资料；②调查访问；③现场统计；④实验测试等。

整理、分析资料阶段：①整理、归纳资料；②分析、研究资料。

撰写阶段：①撰写论文提纲；②撰写论文。

报告、推广阶段：①报告论文；②修改定稿；③推广运用。

（三）收集资料

收集和积累丰富的材料是科学研究的基础，是形成研究者理论观点的依据，因此，它是撰写论文十分重要的一项准备工作。否则，科学研究便无从着手，理论观点便无法成立，也谈不上撰写有质量的论文。

收集和积累与本研究课题有关的材料，主要有以下几种方法。

（1）查阅文献资料、书籍。

（2）调查和访问。

（3）足球训练、比赛临场统计。

（4）实验和训练。

在收集和积累资料过程中，应做到材料准确、丰富、详细、全面。

（四）整理和分析所得材料

对通过各种渠道收集的众多材料，要分门别类加以整理，有的可用文字形式表达，有的可经过数据统计处理，用图表形式表达，使材料系统化。一方面在整理材料中，通过对大量材料的鉴别、归类和分析，可以加深对问题的认识；另一方面，只有加工整理的材料才便于撰写时合理地运用和安排。

在整理和分析材料过程中，要通过分析、论证逐步形成自己的论点和论据，从而最后得出正确的结论。

（五）撰写论文

在收集材料，并经过整理、分析和初步形成观点和论据后，就要进入论文的撰写阶段。撰写论文大体分为以下几个步骤。

1. 腹稿

下笔撰写论文之前，在脑子里应思考论文定什么题，论文怎么写，写成什么样，谓之打腹稿。就是说，论文要先在脑子里想好，然后再把它用文字写出来。

2. 提纲撰写

提纲就是安排和组织全文的结构，从全局出发，协调好各部分的关系，搭好论文架子，是防止论文成文返工或大改的关键。撰写提纲有三种形式，一是句子提纲，即每一部分都是完整的句子；二是标题提纲，即每一部分都是一个标题式的短语或词语；三是段落提纲，即每一部分都是一个段落内容。

3. 初稿

在拟好撰写提纲的基础上，进行整体组装，用适当的语言把论文的内容准确地表达出来，初步成文，这种半成品即为初稿。

4. 定稿

初稿完成后，应经过反复修改，征求意见逐步完善，直到最后定稿。

5. 润色

一篇好的论文，其文笔必须流畅，合乎语法，能用简洁的语句表达完整的意思，因此撰写论文的最后一道工序，就是要对论文加以修饰、润色，使其更加完美。

五、足球运动科学研究的方法

足球运动科学研究方法多种多样。研究者可以综合运用各种研究方法来研究某一题目，也可只使用一种方法研究某一个专题。

目前，足球研究人员和教练员所采用的研究方法主要有文献资料分析法、观察法、统计法、调查法、测试法、实验法、数理统计法等。

（一）文献资料分析法

文献资料分析法是对与研究题目有关的文献资料、电影、图片等进行收集和分类，对资料来源进行考证，并运用逻辑推理等方法进行归纳分析，最后得出自己的结论的一种方法。文献资料分析法通常需要寻找资料来源，再把符合研究内容的资料摘取出来，经整理分析达到研究预期目的。

（二）观察法

观察法是通过在自然条件下对足球某个技术动作或战术配合等进行观察分析，最后得出研究结论的一种方法（自然条件下是指在观察过程中，人们不事先去控制环境条件，而是任其处于本来自然的状态）。

研究者可根据研究目的，进行全面的观察，也可进行长时间的追踪观察和一次性观察。

（三）统计法

统计法是一种常用的研究方法，通过现场对足球训练和比赛相关的因素，如训练密度、力量、使用战术等进行统计，收集一些典型的案例和其他真实数据，取得某些数据和典型战例等实际资料。

统计法分为常规统计和专题统计。常规统计法是多年来在大型足球比赛中惯用的方法，如射门、传球、抢截球和体力等。专题统计是研究者根据研究目的和要求，有针对性地进行现场专题统计记录，如中、前场技术失误、紧逼与破紧逼运用能力、发动进攻的地点和场区等。

统计法可分为人工统计和计算机统计两种。人工统计应力求表格简便、科学，统计概念清晰。计算机进行足球比赛现场统计在首届世界女子足球锦标赛中运用效果很好，做到了统计内容全面，又节省人力物力，统计结果迅速准确。

（四）调查法

调查法是通过口头或书面等方式，搜集足球某些问题所需要的材料的一种研究方法。

口头调查有访问、座谈、开调查会等方法。书面调查有问卷调查等方法。研究者运用这些调查方法与足球专家、教师、教练、运动员等进行接触、联系，从中获得研究课题的有关材料，然后进行分析、研究。

（五）测试法

测试法是在足球科学研究中，借助测试工具对足球运动员或研究对象的特征指标进行度量的一种收集资料的研究方法。

测试工作要达到可靠性、有效性、客观性和分辨力的测量要求。通过准确客观的测试收集数据是得出科学有效的结论的前提条件。

（六）实验法

实验法是研究者通过一定的手段，在有控制的条件下对各种因素进行变化，对其研究结果进行分析对比的一种科研方法。

研究者运用实验法时，常根据研究的目的，拟定实验内容、方法、选择实验对象，然后进行实验或对照实验，经过分析研究，从中得出结论。

（七）数理统计法

数理统计法是指将足球科学研究中所获得的观测数据运用数理统计学进行数学定量处理的一种研究方法。它能定量地研究或剖析足球实践中遇到的具体随机现象的内部规律，从而对所关心的问题做出尽可能精确、可靠的定量性结论。

第六章 足球比赛规则与裁判法

所谓裁判法就是裁判员执行判罚所依据的规则。足球裁判制有两种：一种是对角线裁判制，另一种是边线裁判制。现在国内外正式比赛一般都采用对角线裁判制。

第一节 足球比赛的组织工作

足球比赛的主办单位应根据竞赛工作有秩序地进行计划和安排。组织竞赛是一项比较复杂而细致的工作，涉及面广，它是决定竞赛能够顺利进行的关键，直接影响竞赛任务的完成。竞赛组织工作可分为竞赛前的准备工作、竞赛期间的日常工作和竞赛结束后的后续工作。

一、竞赛前的准备工作

足球比赛主办单位应根据竞赛性质、规模的大小，召集各有关部门成立比赛的领导机构——组织委员会（以下简称组委会），并将比赛的组织方案、工作计划、组织机构等重要问题提交领导机构审定。

（一）讨论和确定组织方案

根据上级单位的竞赛工作计划和竞赛性质来确定组织方案，一般应包括以下内容。

1.竞赛的名称、目的和任务

根据上级单位对比赛提出的任务和要求来确定。

2.竞赛的规模

根据竞赛的目的来决定，主要内容应包括主办单位、承办单位、参加单位、运动员人数、竞赛地址和日期等。

3.竞赛的组织机构

根据需要设立，内容包括竞赛的组织形式、工作人员的名额、组委会下设的主要工作部门及负责人名单等。

4.竞赛的经费预算

应本着勤俭节约的原则，根据实际需要来制定。内容包括比赛场地的修建（租借）、器材设备、奖品、交通、食宿、接待、医药、奖金、工作人员补贴金等项目的经费预算。

（二）成立组织机构

组织机构的形式与规模要与竞赛规模相适应，根据工作需要进行组建。全国性、地区性或行业系统内的竞赛，一般由中国足协、省（市）体育局（足协）或行业体协（足协）主办。基层单位的竞赛则由有关部门负责人组成领导机构，设置主任（副主任）、秘书长（副秘书长）和委员等。下面介绍竞赛规模大小不同的两种组织形式。

1.竞赛规模较大的组织形式（见图6-1）

联赛委员会各部门负责人由秘书长提名报常委会批准，并由秘书长全面领导，联赛委员会及各部门具体职责，简述如下。

（1）**联赛委员会**
①执行竞赛规程的各项规定。
②编排联赛日程。

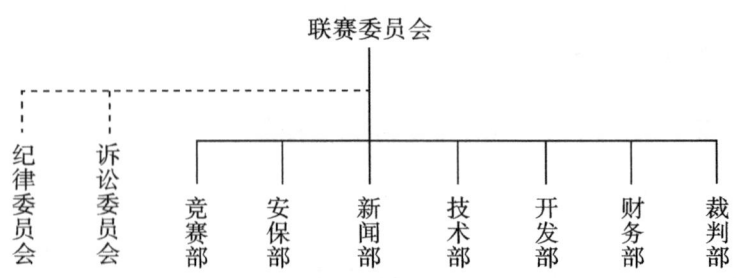

图6-1　竞赛规模较大的组织形式

③执行规定的罚款，收取报名费。

④处理异议（如运动员参赛资格等）。

⑤处理抗议（如场地、接待等）。

⑥兴奋剂检查。

⑦处理比赛队退出事宜。

⑧监督和检查商务合同和商务行为。

⑨更改比赛日期、地点、场地和开球时间。

⑩审核比赛用球、场地和设施标准。

⑪评选和宣布最佳赛区、公平竞争优胜队、最佳运动员和最佳射手。

（2）诉讼委员会

按规定受理纪律委员会决定的书面上诉。

（3）纪律委员会

处理比赛过程中的任何违纪事件。

（4）竞赛部

负责报名、审查资格、颁发比赛许可证、印制秩序册、检查比赛场地、收集异议或抗议等文函，发送联赛委员会及各部门的决定及通知，组织赛区评选，下发成绩公告、红黄牌情况、停赛通知以及负责医疗救护等其他比赛日常事务。

（5）安保部

报批委员会的相关工作证件，指导协调赛区的保卫工作。

（6）新闻部

管理联赛期间的各类新闻、宣传事宜。

（7）技术部

负责规划联赛期间的调研工作，编写印发比赛资料，撰写联赛技术报告，组织联赛公平竞争最佳球队、最佳运动员、最佳射手等评选。

（8）开发部

开发联赛的商务项目，落实赛区签署的有关协议，监督、指导各赛区经营开发和商务工作。

（9）财务部

全面管理联赛财务工作，收取联赛中的各项罚款，汇总并检查赛区和俱乐部的各项财务报表。

（10）裁判部

负责联赛裁判员和裁判监督的提名，负责裁判报表和红黄牌的审核登记，并针对裁判员违纪事件上报处理意见。

2. 竞赛规模较小的组织形式（见图6-2）

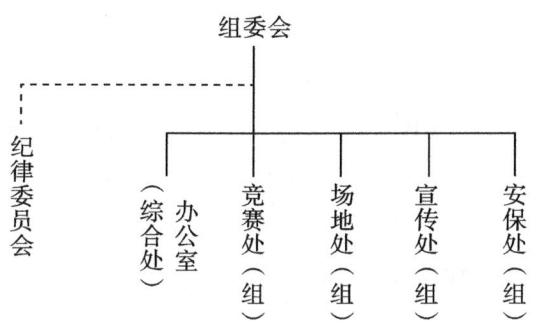

图6-2　竞赛规模较小的组织形式

（1）组委会

组委会领导大会的筹备、进行和总结工作。竞赛联系面较广，所以组委会成员应包括各有关方面的领导，便于解决竞赛各方面的工作问题。

①掌握竞赛的指导思想。

②研究和批准竞赛规程。

③研究和批准竞赛的工作计划。

④赛前听取筹备工作汇报，研究解决有关事宜。

⑤赛后批准大会总结或处理有关的问题。

（2）办公室（综合处）

①根据组委会的决议，组织配备各部门的工作人员。

②拟定工作日程计划，主要内容有组织委员会会议，确定裁判员报到日期，筹备动员工作，组织开幕式和闭幕式，确定各代表队领队会议日期，组织学习报告或经验交流的时间，明确大会总结等工作时间。

③制定各种规章制度与须知（如作息时间、会议制度和大会须知等）。

④负责对外联络。

⑤召开有关会议，统一解决各处（组）之间的问题。

⑥编制经费预算等事宜。

⑦做好大会的物质准备工作，如交通、食宿、医药、文具及其他用品等的准备工作。

⑧负责大会的生活管理工作，及时召开各单位管理人员的会议，解决大会中有关生活方面的问题。

（3）竞赛处（组）

①筹备裁判工作，制定裁判员计划，包括人数、来源等。当裁判组到位后，在裁判长的领导下展开裁判工作。

②组织报名、编印秩序册等工作。秩序册一般包含如下内容：竞赛规程、比赛相关通知、赛事组委会及工作机构名单、裁判组名单、代表队名单、大会日程安排、比赛分组安排、球队训练安排、竞赛日程安排、成绩表及其他需要在秩序册上体现的内容，比如报到地点、比赛地点的交通图等。

③召开有关会议，解决有关比赛的各种问题，赛前召开裁判长、教练员联席会议。比赛期间根据需要可随时召开有关会议，解决比赛中出现的问题。

④安排各队日常训练，组织经验交流、座谈等。

⑤与裁判组一起确定每场比赛双方队员的服装颜色。

⑥下发成绩公告、红黄牌情况及停赛通知以及负责医疗救护等其他比赛日常事务，最后列出各队名次。

（4）场地处（组）

①按规定准备场地和各种器材（包括场地设备、器材和裁判用具等）。

②负责比赛期间场地设施、器材及相关用具的保管和维护。

（5）宣传处（组）

①组织好大会的宣传报道工作。

②组织通信报道与编辑会刊。

③制定先进队和先进个人的评选条件和细则。

④组织学习和讨论。

⑤组织参观等活动。

（6）安保处（组）

负责报批组委会的相关工作证件，指导协调赛区的保卫工作。

（三）制定竞赛规程

竞赛规程既是竞赛组织者和参加者需要遵循的基本文件，也是竞赛工作的依据，竞赛规程在竞赛前由主办单位制定，并提前发给有关单位便于做好准备工作，竞赛规程一般由以下内容组成。

①竞赛的名称。

②竞赛的目的任务。

③主办单位及承办单位。

④比赛日期和地点。

⑤参赛单位和各单位人数及参赛资格等。

⑥报名和报到日期。

⑦竞赛办法。

⑧采用的规则和用球。

⑨录取名次和奖励办法以及其他事宜。

⑩裁判员。

（四）制定工作计划

依据竞赛方案和竞赛规程规定的竞赛日期，各部门应根据自己的职责范围拟订出具体工作计划，有计划地做好赛前各项准备工作。办公室要定期检查各部门准备工作的落实情况。

（五）纪律委员会的工作

纪律委员会的职责是对竞赛过程中违反竞赛规程和竞赛规则的代表队及个别运动员、裁判员、领队、教练员和随队其他工作人员，采取警告、暂停、取消比赛资格或工作资格等纪律措施。纪律委员会依据《中国足球协会纪律准则及处罚办法》及比赛组织方或行业系统内的其他相关规定做出处罚。

二、竞赛期间的工作

竞赛期间的工作主要有以下几方面。

（1）竞赛期间要不断对参赛单位和运动员进行思想教育，使其端正比赛态度，正确对待胜负，正确对待裁判员，正确对待观众，表扬先进队和先进运动员。

（2）大会有关成员应经常深入球队，征求意见及时改进工作。竞赛组应每天维持场地竞赛秩序，及时发布当天成绩公告（成绩、红黄牌和停赛情况）。

（3）场地组应每天对比赛场地、器材和设备进行检查和管理，保证竞赛顺利进行。

（4）遇到特殊情况需要更改比赛时间或场地时，竞赛组应及时通知有关部门和比赛各队。

（5）安保组应注意住宿和比赛场地的安全和秩序。

（6）大会各部门应经常与各队取得联系，听取意见改进工作。必要时召开领队、教练员、裁判长联席会议，及时处理和解决比赛中所发生的问题。

三、竞赛结束后的后续工作

竞赛结束后的后续工作主要有以下几方面。

一是印制成绩册并下发给相关单位。成绩册一般包含如下内容：比赛名

次及各种奖项结果、比赛成绩表、每轮成绩公告、红黄牌登记表、红黄牌统计表、运动队确认名单。

二是各部门总结大会期间的工作情况。

三是组织和举行闭幕式，作大会总结报告和颁发奖品。

四是安排和办理各队离会的有关事宜。

五是组委会向上级汇报工作情况。

第二节　足球比赛中的裁判法

足球比赛中，裁判不仅是规则的执行者，更是比赛公平性的守护者。精准且公正的判罚，能维持比赛秩序，保证双方球员在公平的环境中竞技，让比赛的观赏性与竞技性得以充分展现。对裁判员而言，熟悉和运用裁判法，是保障赛事顺利进行的基础。随着足球运动的发展，比赛规则不断更新，裁判法也越发复杂。从越位规则的判定，到犯规动作的界定，稍有疏忽就可能影响比赛的走向。

一、裁判员与助理裁判员的跑动与选位

（一）裁判员的跑动与选位

1. 裁判员跑动的基本原则

（1）裁判员的位置一般为球的左后方，距球10~15米，与助理裁判员保持密切联系。

（2）裁判员跑动的位置应避免与双方队员的位置重叠。

（3）裁判员的跑动不应影响队员的活动与传球路线。

2. 裁判员的跑动方法

裁判员的跑动方法主要有正面跑、侧身跑和后退跑三种。

3. 裁判员的跑动路线

裁判员的跑动路线有：大S形跑、跟踪跑、小S形跑和直线跑四种。

（二）助理裁判员的跑动与选位

1. 助理裁判员跑动的基本原则

（1）在本方半场边线外移动。
（2）跑动时必须做到面向场内，人球兼顾。
（3）始终坚持与本方半场倒数第二个防守队员保持平行，以利于准确协助裁判员判罚越位。

2. 助理裁判员的跑动方法

助理裁判员的跑动方法主要有后退跑、侧向滑步跑和向前跑三种。

二、裁判员与助理裁判员的配合

（一）越位的配合

判罚越位是助理裁判员协助裁判员的一项重要工作，由于判罚的首要条件是同队队员踢球的一瞬间，有队员处在越位位置上，比赛进行中，当进攻队员向前踢球时，助理裁判员应始终注意与守方倒数第二名防守队员（通常是最后一名后卫）站位齐平，发现有越位犯规应及时上举旗。在判罚越位时，裁判员在很大程度上需要助理裁判员的协助，但也应注意自己的主观观察和判断，做到心中有数。

助理裁判员若认为攻方队员有越位的可能，应及时举旗示意，裁判员看到旗示后，认为不应判时要及时回以简明的信号，助理裁判员则应及时收回旗示。

（二）定位球的配合

1. 开球

裁判员站在开球队一方的中圈左侧外沿或开球队员左侧5~6米处观察球是否合法开出，与守方半场的助理裁判员保持联系。两名助理裁判员站在与最后一名后卫平行的位置，观察可能出现的越位犯规。

2. 球门球

裁判员站在中圈附近，观察攻守争夺情况。踢球门球一方半场的助理裁判员应站在与球门线平行处，观察球是否放在合法位置。守方半场的助理裁判员应站在与最后一名后卫平行的位置。

3. 角球

裁判员站在罚球区线的左侧区域选择自己便于观察的位置。助理裁判员在角旗后看球是否超出球门线。裁判员和助理裁判员应共同配合，观察球是否合法放在角球区内，守方队员是否距球9~15米以外，以及球踢出并进入比赛状态以后，可能发生的犯规及球进门情况。

4. 点球

裁判员站在守门员和主罚队员之间的左侧罚球区内，助理裁判员站在球门线上看进球与否。裁判员观察双方队员犯规和球进门情况。

5. 任意球

前场任意球，裁判员站在进攻方左侧便于观察队员犯规并与助理裁判员保持联系。助理裁判员则应站在与最后一名后卫平行的位置。如裁判员发现出现越位犯规，助理裁判员应到球门线处协助看是否有进球。中后场任意球，裁判员站在罚球区左前方、球可能的落点附近看球是否合理发出，助理裁判员站在与最后一名后卫平行的位置看越位犯规。

（三）球出界的配合

球从边线、球门线出界，如果是裁判员的近端以裁判员为主，如果是助理裁判员的近端以助理裁判员为主。

（四）掷界外球的配合

裁判员站在与球出界地点大致平行处，距掷球点15~20米，注意掷球队员的上肢违例。助理裁判员站在掷球队员附近，以观察脚下犯规为主。

（五）比赛时间的配合

上下半场即将结束时，助理裁判员根据分工在最后3分钟内给裁判员提示，裁判员根据实际情况决定补足时间，并在最后1分钟以明显信号通知第四裁判员，第四裁判员根据裁判员的决定向观众显示补时时间。

（六）决胜期罚球点球的配合

裁判员与第一助理裁判员的位置同比赛中的罚点球时一样，第二助理裁判员则在中圈附近负责管理中圈内双方队员。

（七）换人的配合

两个助理裁判员在死球时举旗示意，裁判员鸣哨，第一助理裁判员应在中线附近协助换人。

（八）比赛结束的配合

同入场一样，3人到中圈处同时整齐退场。

三、裁判员的哨声、手势及助理裁判员的旗示

（一）裁判员的哨声

比赛开始、比赛时间终了、判某队胜一球、执行罚球点球、发生犯规或其他情况而暂停比赛时，必须鸣哨。除特殊情况，如球出界、发定位球等，一般不鸣哨。裁判员鸣哨要及时、果断、响亮，通过哨声长短与轻重缓急的变化，使人们易于辨别场上发生的情况。

（1）比赛开始：一声洪亮长哨。

（2）一般犯规：短促有力。

（3）严重犯规：有力洪亮，声音有爆发力。.

（4）胜一球：长音洪亮，带有拖音。

（5）比赛结束：两短一长。

（6）制止可能引起纠纷的行为：连续短声。

（二）裁判员的手势

足球裁判员所用的手势应力求简单、明了，示意准确，给人以直接、清晰的感觉。国际足联审定的裁判员的统一手势有以下几种。

1. 直接任意球

单臂侧平举，指向踢球方向。

2. 间接任意球

单臂上举，掌心向前，此手势应持续到球踢出后，并被场上其他队员触及或成死球时为止。

3. 角球

单臂斜上举，指向踢角球的角球区方向。

181

4. 球门球

单臂向前斜下举，指向执行球门球的球门区。

5. 球点球

单臂向前斜下举，指向执行罚球点球的罚球点。

6. 示意继续比赛

双臂前举，掌心向前，手臂向前稍作连续摆动动作。

7. 罚令出场和警告

使用红、黄牌时，应一手持牌单臂上举，面向被处分的队员，伴以短时间的停顿，使场内外都能看清被处罚的队员。

（三）助理裁判员的旗示

助理裁判员主要通过旗示协助裁判员执行裁判任务，其旗示应便于裁判员观察。因此，助理裁判员跑动时，应养成灵活换手持旗的习惯，使持旗的一臂朝向场内。国际足联审定的统一旗示如下。

1. 掷界外球

旗侧斜上举，指示掷界外球方向。

2. 球门球

旗前平举，指向执行球门球的球门区。

3. 角球

旗斜下举，指向近端的角球区。

4. 换人

双手将旗横举过头，向裁判员提示某队请求换人。

5. 越位

①一般越位旗示：旗上举向裁判员示意。

②远端越位旗示：裁判员鸣哨令比赛暂停后即指向越位地点，旗前上举。

③中间越位旗示：旗前平举。

④近端越位旗示：旗前下举。

四、裁判员赛前、赛中和赛后的工作

（一）赛前准备工作

1. 熟悉竞赛规程

注意有无特殊规定，例如比赛时间、队员服装、替补队员人数、决定胜负的方法等。

2. 认真开好准备会

分析两队比赛的形势及可能出现的几种结果及影响。研究双方队员、教练员的风格特点、历史关系。熟悉周围环境，对观众、记者、其他工作人员的情况也应有所准备。做好应对突发事件的准备；明确应对各队内"重要人物"的对策及处理方法；做好场内、场外事务的分工，做到有备无患。

3. 彼此介绍个人习惯、优点及不足之处

明确联系信号与配合方法。

4. 带好裁判用具

包括裁判服（上衣、短裤）、足球袜、足球鞋、胸徽、口哨、笔、记录卡、红黄牌、计时表、挑边器、手帕、手旗及所需的各种表格。

5. 按时到场检查器材

检查赛球、手旗、换人牌、计时表、各种表格等是否达到标准或齐全。场

地检查包括：场地地面状况，球场各点、区、线、弧是否清晰准确，技术区的设置是否合理，球门、球网、角旗是否符合规定，场地内外是否有安全隐患，记者摄影机的位置对比赛是否有影响。

6.充分做好准备活动

准备活动旨在将中枢神经系统的兴奋性提升至适宜水平，帮助人体在比赛开始时迅速进入高效工作状态，同时有效预防伤害事故。进行准备活动时需注意：避免进行剧烈运动；不在比赛场内、公开场合开展；切勿当众进行耍球等行为。

7.及时发放和收取参赛队员名单

审阅名单时对不符合规定的地方要及时解决，如名单上所填人名与秩序册名单不符、误将停赛队员填入名单、教练员未签名等。

8.检查队员装备

在裁判员进入比赛场地检查场地设备时，就应留意双方队员的服装颜色，如某队穿错赛服或两队重色时，应以秩序册为准及时调整以免延误正常开赛时间。上场前的装备检查可在休息室、过道或场边进行，包括服装颜色是否统一，号码是否重号，上衣、短裤号码是否一致，套袜颜色是否一致，护腿板、鞋钉、佩带物、队长标志、守门员手套、帽子、指甲、女队员的发夹等是否符合规定。

9.组织挑边

进行此工作时4人应同时出席，其结果由裁判员最后明确，遇到大型重要赛事入场有其他仪式时，执法裁判员此时应向双方队员交代清楚，一切按程序进行。最后带好球、手旗和其他用具，按规定时间和方式进场，准备开球。

（二）赛中控制工作

1.公正准确，严肃认真，尺度一致

裁判员要尽可能做到上、下半场一致，比分接近和比分悬殊一致，关键场

次和一般场次一致，罚球区内、外判罚一致，对待明星和普通队员一致。当出现双方消极比赛或一方故意输球时，裁判员应根据规则执行裁判任务，认真跑位，鸣好每一声哨，做好每一次判罚，直至比赛结束。当两队水平悬殊，出现大比分比赛时，裁判员既没有"助弱的义务"，也没有"压强的责任"，更不能互相"找平衡"，搞所谓的"掌握"。

2. 裁判员与助理裁判员和第四裁判员的配合默契

比赛中虽以裁判员为主，但也应重视助理裁判员的信号。职权职责的范围虽有不同，但目标只有一个，应保证比赛顺利进行，力争做到相互尊重、信任，彼此照顾、支持和协调配合。

3. 场上出现犯规且需要出示红、黄牌时

裁判员要快速到位，立刻控制已经发生或将要发生的冲突，及时制止或处理被犯规队员的报复行为等。记录队员号码一定要准确，不宜在人群中出牌，如需要可将其叫出或让其他队员都散开后再出牌，出牌时应让全场都看清楚被处罚者。在出示红牌后，应待被罚令出场队员出场后再发出开始比赛的信号。当犯规发生在裁判员身后，需要依据助理裁判员的协助信号进行协商时，不要让其他队员围观，两人之间的话要简明扼要，处理要果断、坚决。

4. 比赛换人

裁判员在死球时要用信号告诉队员不要发球，并且快速移至中线第四裁判员附近，看准进、退场的队员号码，并快速记录下来。

5. 出现伤员时

裁判员的首要任务是判断队员伤情，如是重伤应立即停止比赛，示意医护人员进场，将伤员迅速移到场外进行检查和治疗后，再恢复比赛。此时应注意进场人数及其所带物品，避免出现乱抛饮料瓶等其他可能影响比赛的行为。除守门员受伤外，任何队员受伤不得在场内护理。比赛恢复后要随时留意在场外接受护理的伤员的情况，一旦看到他的示意，应立刻让该队员进场参赛，不必等到死球时进行。另外，比赛进行中，受伤队员应在边线处进场参赛而不应在球门线处进场，这一问题助理裁判员和第四裁判员要协调好。

当出现伤员要停止比赛时，应注意当时球所处的状态，如一方进攻形成单

刀，有进球的可能，而防守队员在另一半场突然受伤，没有必要立即停止比赛。应视情况在此进攻完成后再停止比赛进行处理。如果队员受伤能自己走到场边做治疗时，不应停止比赛。如有必要，此时助理裁判员或第四裁判员应示意该队员不要出场，医疗人员也不得进场，处理过程也应尽快进行。

如果裁判员认为队员是佯装受伤，一定要对其进行纪律处分。流血不止的伤员，经过包扎处理后，方能参赛。任何伤员的包扎不得对其他队员构成危害。总之，裁判员不应见有伤员就停止比赛，或一有倒地现象就叫医疗人员进场，应视当时具体情况，灵活掌握，其宗旨是符合规则的精神实质。

6. 中场休息总结

首要工作有：4人对照上半场所出示的红、黄牌情况，进球情况，重点人员的动向，加时赛或点球决胜负应注意的问题，4人之间配合如何，有无漏旗、补哨、对顶现象，换人情况，替补席情况，比赛时间的掌握等。在这期间发现队员有不正当行为时，应做纪律处罚。

第四裁判员应提前到记录台收集、登记换人名单，及早检查队员装备，使下半场能按时正常开球。注意中场休息时的换人应在下半场开赛前举牌示意。

（三）赛后结束工作

（1）不对有关比赛的事情发表任何评论。

（2）4人及时总结分析原因，不互相指责，推卸责任。

（3）在任何报告表中要实事求是，不夹杂报复、同情或反感色彩。对发生过的事件要写明时间、地点、人员、违反规则条款等。最后将报表及时上交或寄出。

（4）不接受任何比赛队、任何球队有关人员的答谢、邀请或欢送。

第三节　国际足球比赛的规则

在全球体育版图中，国际足球比赛无疑占据着举足轻重的地位，吸引着数十亿观众的目光。其规则作为比赛顺利开展的基石，承载着公平竞技、规范赛事的重任，历经岁月打磨与持续修订，已发展得极为完善。从比赛时长的严格

限定，到球员人数、装备的细致规范，再到犯规判罚、进球判定的明确标准，国际足球比赛规则事无巨细。这些规则不仅保障了比赛的流畅性与公正性，更塑造了足球运动的独特魅力。然而，规则并非一成不变，随着足球运动的发展、技战术的革新以及观众对比赛观赏性的更高追求，规则也在不断与时俱进。

（一）比赛场地、器材与比赛时间

《足球竞赛规则》中对于比赛场地的规定是：比赛场地必须是长方形，边线的长度必须长于球门线的长度。长度90~120米，宽度45~90米，范围较大。如果是国际比赛，则会对场地有更严格的要求：长度100~110米；宽度64~75米，但即便如此，长宽也还各有10米左右的调整范围。目前，只有世界杯足球赛对于场地的规格有明确规定：长105米，宽68米。两条较长的边界线叫边线，两条较短的线叫端线。所有线及球门的宽度不超过12厘米，球门宽7.32米，高2.44米，角旗杆不低于1.5米。在场地外，距角球弧9.15米且垂直球门线处一般会做一个标记，以便于踢角球时观察距离。

比赛时间为上、下半场各45分钟，中场休息不得超过15分钟。

（二）上场球员与换人

每队上场队员不得超过11人，其中必须有一名守门员。每队不足7人时不得继续比赛。更换守门员必须经过裁判员同意，否则死球后有关队员将受警告。

替补队员在踢球时，经裁判员同意方可上场，被换下的队员不得重新上场。正式比赛（除规程另有规定外）每队最多可以使用3名替补队员。教练员可以在比赛中向队员传达战术指示，但必须在指定的技术区域内进行。

（三）越位

1. 越位位置

要理解越位规则，要先了解什么叫越位位置。

队员处于越位位置需满足两个条件：

（1）处于对方半场（越过中线）。

（2）比对方最后第二名队员更接近于对方球门线。

2. 越位犯规

队员处于越位位置本身并不是犯规，只有当同队队员踢或触及球的一瞬间，且裁判员认为其就下列情况而言"卷入"了现实比赛中时，才会被判为越位犯规。

（1）干扰比赛——干扰比赛是指参与传递或触到队友传来的球。

（2）干扰对方队员——干扰对方队员是指通过明显阻挡对方视线、做出移动或做出裁判员认为有可能欺骗或干扰对方队员的姿势或移动，以阻止对方争抢球或可能争抢球。

（3）通过越位获得利益——通过越位获得利益是指在越位位置接到从球门横梁或立柱反弹回来的球，或在越位位置接到从对方队员身上反弹回来的球。

（四）直接与间接任意球

《足球竞赛规则》规定，如果队员草率地、鲁莽地或使用过分的力量违反下列十一种犯规中的任何一种，将判给对方踢直接任意球。

（1）踢或企图踢对方队员。

（2）绊摔或企图绊摔对方队员。

（3）跳向对方队员。

（4）冲撞对方队员。

（5）打或企图打对方队员。

（6）抢截对方队员。

（7）推对方队员。

（8）故意手球（守门员在本方罚球区内除外）。

（9）拉扯对方队员。

（10）通过身体接触阻挡对方队员。

（11）向对方队员吐唾沫。

在罚球区外，队员违反以上十一种犯规中的任何一种，都要被判罚直接任意球，而比赛进行中无论球在什么位置，如果队员在本方罚球区内违反了上述

十一种犯规中的任何一种，都应被判罚球点球。

队员出现如下情况时，则判对方踢间接任意球。

（1）以危险方式比赛。

（2）无身体接触前提下阻碍对方队员行进。

（3）阻挡对方守门员踢球或从其手中发球。

（4）因竞赛规则未提及的任何其他犯规而停止比赛，对队员进行警告或罚令出场。

（5）用手控制球后超过6秒没有放开。

（6）在放开手对球的控制后，未经其他队员直接触及球。

（7）接同队队员故意踢来的球。

（8）接同队队员直接掷入的界外球。

（五）点球

在比赛进行中，一个队在本方罚球区内由于出现了可判为直接任意球的犯规动作之一而被判罚任意球的，应执行罚点球。罚点球时除主罚队员及守门员外，其他队员都应在比赛场地内、罚球区外、罚球点后及罚球弧外。守门员处在本方球门柱间的球门线上。

参考文献

［1］都并敏史.足球战术与阵型图解 思路解说案例分析及训练方法［M］.张大维，金丹，译.北京：人民邮电出版社，2018.

［2］查尔斯·休斯.足球战术与配合［M］.马克坚，译.北京：人民体育出版社，1982.

［3］蔡向阳.足球智慧 你必须知道的足球知识［M］.福州：福建人民出版社，2018.

［4］曾雪麟，赵利基.足球基础与技战术必备宝典［M］.成都：成都时代出版社，2008.

［5］陈兵.高校足球教学实践与创新发展研究［M］.北京：北京希望电子出版社，2015.

［6］陈亚中，陈玉敏，刘常伟，等.足球［M］.南京：江苏科学技术出版社，2018.

［7］冯涛.足球教学设计与训练实践研究［M］.长春：吉林大学出版社，2018.

［8］高宝华.普通高校足球课程教材［M］.天津：南开大学出版社，2010.

［9］顾长海.现代运动训练理论与实践研究［M］.上海：同济大学出版社，2018.

［10］广州体育学院足球教研室.新编足球教学与训练［M］.广州：广东高等教育出版社，2019.

［11］郭振.足球训练与执教方略［M］.广州：华南理工大学出版社，2019.

［12］何志林.现代足球［M］.北京：人民体育出版社，2000.

［13］何志林.足球［M］.北京：人民体育出版社，2005.

［14］黄启能.足球［M］.广州：华南理工大学出版社，2008.

［15］姜全林.中小学体育教师校园足球教学能力练习教材［M］.杭州：浙江大学出版社，2017.

［16］李晓峰，吴坚.校园足球［M］.合肥：合肥工业大学出版社，2015.

［17］梁智恒，孙丽波，鞠复金. 运动训练原理与实践［M］. 哈尔滨：东北林业大学出版社，2008.

［18］刘杰. 足球运动教学与训练探索［M］. 北京：现代出版社，2019.

［19］刘新刚. 足球运动技战术训练的科学性研究［M］. 成都：电子科技大学出版社，2016.

［20］刘志书. 高校足球教程［M］. 哈尔滨：哈尔滨工业大学出版社，2006.

［21］卢伟森，魏协森. 足球战术训练［M］. 北京：人民教育出版社，1981.

［22］南来寒. 足球［M］. 长春：吉林文史出版社，2014.

［23］曲晓光. 现代足球训练理念诠释与应用（新版）［M］. 广州：华南理工大学出版社，2009.

［24］斯力格. 足球规则问答［M］. 北京：人民体育出版社，1996.

［25］孙庆海，李明，陈彪. 足球［M］. 东营：石油大学出版社，2009.

［26］汤信明. 足球运动教学与训练［M］. 武汉：华中科技大学出版社，2012.

［27］王鸣捷，常颖，杨奇. 足球技战术与竞赛规则［M］. 北京：中国传媒大学出版社，2017.

［28］文智. 足球教学训练实践［M］. 北京：光明日报出版社，2016.

［29］肖涛，孔祥宁，王晨宇. 运动训练学［M］. 重庆：重庆大学出版社，2016.

［30］杨璟勇，马楠. 足球入门与技战术图解［M］. 北京：蓝天出版社，2010.

［31］岳抑波，谭晓伟. 高校足球运动理论与战术技能研究［M］. 长春：吉林人民出版社，2019.

［32］张梦阳. 现代足球基本技术教学论［M］. 贵阳：贵州科技出版社，2008.

［33］张廷安，李春满，任定猛，等. 足球战术教学与训练［M］. 北京：北京体育大学出版社，2018.

［34］浙江省高校体育教材编委会，周雷，谢文培. 足球［M］. 杭州：浙江大学出版社，2002.

［35］庄小凤，沈建华. 校园足球［M］. 上海：上海教育出版社，2014.